W0072151

Marc Baumann war für fünf Jahre Schöffe an einem Amtsgericht. Heute sagt er über diese Zeit: «Ich war gerne Schöffe, aber es hat mir keinen Spaß gemacht.» Das ist kein Widerspruch. Man kann das Schöffesein entweder als ein stummes Beisitzertum mit gelegentlichem Abnicken von Richterentscheidungen verstehen – was problemlos geht –, oder man übernimmt für sich die Verantwortung, ein Urteil als gemeinsamen Richterspruch von hauptberuflichem Richter und Laienrichtern zu verstehen. Dann liegt man bisweilen abends wach und kämpft mit seinem Gewissen und der Frage, ob der Einsatz für einen härteren oder milderen Richterspruch richtig war.

Von diesen Kämpfen, seinen Fällen und den vergangenen fünf Jahren erzählt dieses Buch.

Marc Baumann, geboren 1977 in Fürstenfeldbruck, ist Journalist und Absolvent der Deutschen Journalistenschule. Er arbeitet beim «Süddeutsche Zeitung Magazin». 2011 veröffentlichte er – gemeinsam mit Martin Langeder, Bastian Obermayer, Franziska Storz und Mauritius Much – «Feldpost. Briefe deutscher Soldaten aus Afghanistan» im Rowohlt Verlag.

Marc Baumann

RICHTER AHNUNGSLOS

Wie ich unfreiwillig Schöffe wurde
und was ich dabei über Recht
und Unrecht gelernt habe

Rowohlt Taschenbuch Verlag

Originalausgabe
Veröffentlicht im Rowohlt Taschenbuch Verlag,
Reinbek bei Hamburg, März 2015
Copyright © 2015 by Rowohlt Verlag GmbH,
Reinbek bei Hamburg
Lektorat Florian Glässing
Umschlaggestaltung ZERO Werbeagentur, München
Umschlagabbildung Christoph Niemann
Satz ITC New Baskerville, InDesign,
bei Pinkuin Satz und Datentechnik, Berlin
Druck und Bindung CPI books GmbH, Leck, Germany
ISBN 978 3 499 62907 5

Für meinen Vater, der Jurist war,
aber leider nicht lange genug lebte,
um mir davon erzählen zu können.

Inhalt

I. EINLEITUNG

Foto: Copyright © Robert Brembeck

«*Jeans ist in Ordnung,
aber kommen Sie bitte nicht im
T-Shirt*», *sagte ein Richter.
Der Autor vor Gericht.*

KAPITEL 1

Mein letzter Verhandlungstag

Im Oktober 2008 wurde ich zu fünf Jahren verurteilt. Zu fünf Jahren Schöffendienst. Die Stadt München hatte mich ungefragt zum Schöffen ernannt, weil es nicht genug Freiwillige gab. Es kam mir damals vor wie eine Strafe: Meine Freundin war schwanger, mein Beruf anstrengend genug, in meinem Leben war gerade kein Platz für einen «Nebenjob» als ehrenamtlicher Richter. Aber die Ernennung ließ sich nicht rückgängig machen, Pech gehabt. Oder besser gesagt: Man hat mich zu meinem Glück gezwungen. Denn so widerwillig ich im Frühjahr 2009 zu meinem ersten Gerichtsprozess als Laienrichter gegangen bin, so unerwartet wehmütig fühlte sich Anfang 2014 der Abschied an.

Dem Amtsgericht München fiel das Schlussmachen offensichtlich nicht so schwer – es gab an meinem letzten Verhandlungstag keine Blumen, keine Urkunde, nicht mal ein Händeschütteln. Niemand kam, um mich zu verabschieden. Ich musste mir nur ein letztes Mal die Aufwandsentschädigung holen und an dem Metalldetektor mit den ratschenden Sicherheitsbeamten vorbei ins Freie gehen. Das wäre es dann gewesen.

Und weil mir das alles viel zu unfeierlich war, zu lieblos für so eine lange Zeit und eine so bedeutende Lebenserfahrung, habe ich den Richter zur Verabschiedung angesprochen: «Heute war übrigens mein letzter Tag als Schöffe.» – «Ach, echt?», fragte er, dann liefen wir schweigend den rot gefliesten Steinboden vom Verhandlungszimmer Richtung Treppenhaus entlang. Wir kannten uns von zwei, drei Verhandlungen, gerade genug, sich freundlich zuzunicken. «Hat es Ihnen gefallen?», fragte er, als ich schon dachte, er würde nichts mehr sagen. Ich überlegte einige Sekunden und antwortete dann schnell: «Ja», weil wir an der Treppe angekommen waren, der Richter es eilig hatte, er einen Stock hoch und ich einen Stock runter musste.

Die ehrlichere Antwort hätte länger gedauert: Ja, es war spannend, so viele Kriminelle kennenzulernen, ihre Biographien, ihre Ausreden, ihre Taten. Einblick in die düsteren Ecken der Gesellschaft zu bekommen. Und so kitschig es klingt: Es fühlt sich gut an, den Guten zu ihrem Recht zu verhelfen und die Bösen zu bestrafen. Aber es ist bitter, wenn man eigentlich harmlose Familienväter wegen unbezahlter Rechnungen einsperren muss oder meiner Meinung nach offensichtliche Sexualstraftäter mangels Beweisen nach Hause gehen lässt. Man könnte es sich als Schöffe leicht machen, das Amt als ein stummes Beisitzertum mit gelegentlichem Abnicken von Richterentscheidungen ausüben – was problemlos geht und niemanden stört. So verliefen meine ersten zwei, drei

Verhandlungen: Ich sagte nichts und fühlte mich überflüssig. Der Richter wusste ohnehin besser, wer, warum, wie zu welcher Strafe verurteilt werden musste. Doch dann gab es diesen Moment, der mich ärgerte: Eine Richterin verhängte eine mehrjährige Haftstrafe, die ich als maßlos übertrieben empfand, aber nahezu protestlos mitgetragen hatte. Sie sprach das Urteil auch in meinem Namen. Ich saß nachts in der Küche, wachgehalten von meinem schlechten Gewissen, und merkte, was es eigentlich bedeutet, ein Schöffe zu sein. Am anderen Ende der Stadt gab es jetzt einen Mann, der vermutlich auch nicht schlafen konnte, vor Angst und Sorge. Drei Jahre Knast lagen vor ihm. Vielleicht bricht ihn das Gefängnis, vielleicht hält seine Ehe die Trennung nicht aus, seine Kinder werden lernen müssen, ohne ihn auszukommen. Er hat Fehler gemacht, ja, aber ich habe nicht genug Einspruch erhoben und meine Bedenken kleinreden lassen. Als Schöffe zählt meine Stimme genauso viel wie die des Richters, und am Amtsgericht sitzen immer zwei Schöffen mit einem Richter beisammen. Wir könnten ihn jederzeit überstimmen. Was in der Realität nahezu nie passiert.

Bei einer Umfrage des Justizministeriums unter bayerischen Richtern gab es den Vorschlag, die Schöffen weitgehend abzuschaffen. Ehrlich gesagt, machen wir Schöffen nicht immer einen guten Eindruck bei Gericht. Ich habe dumme Fragen gestellt, ich saß mit einem Curryfleck auf dem Sakko (Mittagspause) in der Verhandlung, ich habe unterm Richtertisch heimlich SMS geschrieben. Wir sind Laien und benehmen uns mitunter auch so. Trotzdem sind Schöffen eine große Errungenschaft, es gibt sie seit dem Mittelalter, sie sorgten für eine erste, kleine Demokratisierung der Rechtsprechung, die zuvor nur dem Adel vorbehalten war. Wenn der Richter heute bei der Urteilsverkündung sagt: «Im Namen des Volkes», dann repräsentiere ich als Schöffe das Volk. Ich bin Volkes Stimme. So kann man das Schöffenamt nämlich auch sehen: so groß, so wichtig.

Das Landgericht mag die spektakuläreren Fälle mit skrupelloseren Taten verhandeln – Mord und Totschlag –, aber vor einem Amtsgericht merkt man, wie es um ein Land steht. Weil man so viel erfährt über die Alltagsstreitigkeiten, die kleinen Gaunereien und den Umgang miteinander. Mehr als die zum Glück wenigen Morde entscheidet die Zahl der U-Bahn-Schlägereien, Taschendiebstähle oder Oktoberfest-Grapscher darüber, wie sicher und wohl sich die Menschen in ihrer Stadt fühlen. Die Aussage eines kleinen Kokainhändlers, der Diskogänger, Privatpartys oder Geschäftsleute beliefert, erzählt mir mehr über unsere Sucht als der Großprozess gegen ein Drogenkartell. Wie gut oder schlecht man von Hartz IV als Familie wirklich leben kann, verrät mir mehr als jede Schlagzeile der Prozess gegen den ungeschickten Sozialhilfebetrüger. Beleidigt man sich in Nachbarschaftsstreitigkeiten nur wüst oder wird gleich zugeschlagen? Und worüber kriegt man sich im wohlhabenden München-Bogenhausen oder im Problemstadtteil Neuperlach so sehr in die Haare? Überhaupt bekommt man mit der Zeit und den vielen Wohnadressen der Angeklagten eine neue innere Stadtkarte mit Vierteln, in denen typischerweise der Kiffer oder Schläger wohnt, und Gegenden, deren Bewohner scheinbar nie vor Gericht müssen. Selbst in die Betten dieser Stadt blicken wir vom Richtertisch hinab, wenn Rotlichtgänger, Ehefrauenschläger oder Sextäter vor uns stehen.

Am Vormittag meines letzten Verhandlungstages habe ich, gemeinsam mit einer Mitschöffin und dem Berufsrichter, einen Vater zweier Söhne wegen Betrugs verurteilt – zu dreieinhalb Jahren Gefängnis. Als ihm der Justizvollzugsbeamte im Gerichtssaal die Handschellen anlegte, drehte er sich noch einmal zur Richterbank um, unsere Blicke trafen sich, ich blickte in seine rot geweinten Augen, ich sah seine Angst. Dann holten sich der Richter und ich eine belegte Semmel. Der nächste Angeklagte wartete schon. Er saß seit vier Monaten wegen Diebstahls in Untersuchungshaft, ihm drohten bis zu vier Jahre, nervös und bleich erwartete er den Urteilsspruch. Wir gaben ihm aber nur eine Bewährungsstrafe, er durfte nach Hause. Der Mann ging vor mir aus dem Gerichtsgebäude in den stärker werdenden Regen, er blieb stehen, breitete die Arme aus, schaute zum Himmel und ließ die Tropfen auf sein Gesicht fallen. Er lächelte.

II. VOR GERICHT

KAPITEL 2

Wie man Schöffe wird,
ohne es zu wollen

Ich habe nie gesagt: «Ja, ich will Schöffe werden.» Ich habe nur «vielleicht» gesagt und später ausdrücklich «nein» und «bitte nicht». Aber da war es schon zu spät. So wurde ich Schöffe. Dabei wollte ich nur meinen Personalausweis erneuern.

Als meine hohe Wartenummer endlich aufgerufen wurde, an einem zäh dahinkriechenden Dienstagvormittag im Kreisverwaltungsreferat, fragte mich der Sachbearbeiter nebenbei: «Könnten Sie sich vorstellen, Schöffe zu sein?» Ich versuchte mich zu erinnern, was Schöffen noch mal genau machen. Ging es da nicht irgendwie um das Schlichten von Familienstreitigkeiten vor Gericht? «Vielleicht», antwortete ich, «was macht man denn so als Schöffe?», fragte ich den Beamten, der mich aufmunternd ansah. «Ich lasse Ihnen eine Informationsbroschüre zusenden», sagte der Sachbearbeiter, er lächelte und meinte: «Es ist ohnehin unwahrscheinlich, dass Sie als Schöffe gewählt werden, Sie wohnen nicht lange genug in München.» Er gab mir den Ausweis. Ich ging. Und vergaß die Sache nach einigen Tagen. Wochen später rief mich meine Freundin mit ernster Stimme in der Arbeit an. «Du hast ein Schreiben vom Gericht!», sagte sie. Ich erschrak kurz, dann fiel mir aber kein Grund ein, warum ich mich erschrecken sollte. Weder Fahrerflucht noch Beleidigungen, vielleicht eine übersehene Rechnung? «Hier steht, die gratulieren dir», las meine Freundin vor. «Hab ich was gewonnen?», fragte ich. «Du bist zum Schöffen ernannt worden», sagte sie, «für fünf Jahre!» Moment mal. «WAS? Was bin ich geworden? Und wie lange?», fragte ich, mir fiel der Passbeamte wieder ein. «Die Schöffenperiode dauert vom 1.1.2009 bis zum 31.12.2013, steht hier. Am Amtsgericht in der Nymphenburger Straße», las meine Freundin weiter. «Ich wurde zum Schöffen ernannt», murmelte ich erstaunt vor mich hin. «Schön», sagte meine Bürokollegin, die mir gegenübersaß. «Das ist nicht schön», antwortet ich, «die haben mich gar nicht gefragt!» Aus dem Telefonhörer klang wieder die Stimme meiner Freundin: «Pro Jahr wird ein Schöffe für dreizehn Verhandlungen eingeteilt, macht mal fünf Jahre, ähm, insgesamt fünfundsechzig Gerichtstermine», rechnete sie vor. «Fünfundsechzig Tage? Vor Gericht? Spinnen die?», fragte ich. «Oh», sagte die Arbeitskollegin. «Wie stellen die sich das vor?», seufzte ich. «Wieso hast du dich dann überhaupt beworben?», fragte meine Freundin am Hörer. «Hast du dich da beworben?», fragte die Kollegin gegenüber. «Ich hab mich nicht beworben! Beim Passamt haben die mich gefragt, und ich hab nur ‹vielleicht› gesagt», entschuldigte ich mich. «Wenn du sagst, dass du ‹vielleicht› ein Stück Kuchen willst, würde ich dir eins aufheben. ‹Vielleicht› ist ein kleines Ja», sagte meine Freundin.

Dem Schreiben lag, wie ich später am Abend sah, eine Einladung zu einer Einführungsveranstaltung bei. Und ein Leitfaden für Schöffen. Wo war eigentlich meine angekündigte Informationsbroschüre, die ich vor der Entscheidung für oder gegen das Amt bekommen sollte? Vor allem aber: Dürfen die das? Mich einfach so ohne Rückfrage zum Schöffen machen? Ich hätte nie zugestimmt, wenn ich gewusst hätte, dass man sich für fünf Jahre verpflichtet. Und hieß es nicht, meine Chancen seien ohnehin gering? Was ich zu jenem Zeitpunkt nicht wusste: Der Staat kann seine Bürger zum Schöffensein zwangsverpflichten. Nicht selten muss er das sogar. Die Bayerische Staatszeitung vermeldete im März 2013 in einem Artikel: «Schöffen verzweifelt gesucht!», und schrieb: «Für die bayernweit voraussichtlich 4321 Plätze haben sich bisher allein in München rund 200, in Augsburg immerhin zehn, aber in vielen angefragten Ortschaften noch kein einziger Bewerber gemeldet.» In dieser Not klang mein angedeutetes Interesse für die Schöffenfindungskommission wohl wie ein laut gebrülltes: «Ich will! Ich! Ich!» Ob der Passbeamte meine Bitte um mehr Informationen überhaupt weitergegeben hat, kann ich nicht sagen.

Ich las im Schöffenleitfaden nach: Wer Schöffe werden möchte, bewirbt sich bei seiner Gemeinde oder seiner Stadt, wer Jugendschöffe werden will, beim Jugendamt. Gibt es zu wenig Kandidaten – oder zu wenig naive «Vielleicht»-Sager wie mich, zieht der Zufallsgenerator Namen aus dem Melderegister. In Frage kommt, wer nicht jünger als 25 und nicht älter als 69 Jahre ist, deutscher Staatsangehöriger mit festem Wohnsitz. Wer weder Jura studiert hat noch ernsthaft erkrankt ist oder eine mehr als sechsmonatige Haftstrafe verbüßt hat. Wobei ich den letzten Punkt diskutabel finde. Kann nicht gerade jemand, der im Gefängnis war, besonders gut beurteilen, was eine Haftstrafe bedeutet? Ist nicht gerade der Experte?

In meinem Schöffeninformationsblatt stand viel über den Eintritt ins Schöffenamt, aber nichts über das Ablehnen des Schöffenamts. «Sag denen doch einfach, dass du es dir anders überlegt hast», riet mir meine Freundin. Aber das schlägt nur vor, wer mit seinem Anliegen noch nicht an den harten Gesichtszügen der Sachbearbeiter des Amtsgerichts München zerschellt ist. «Da können wir leider gar nix mehr machen», entgegnete man mir bestimmt. Die Wahl zum Schöffen ablehnen können nur Ärzte, Krankenschwestern und Hebammen «sowie Apothekenleiter, die keinen weiteren Apotheker beschäftigen», so der Leitfaden. Der Bundespräsident und Regierungsmitglieder sind ebenfalls befreit. Die Übrigen müssen schon einen Härtefall vorweisen können, etwa pflegebedürftige Eltern. Ich wählte ein letztes Mal die Nummer der Schöffenstelle und versuchte es mit mehr Schärfe im

Ton: «Hören Sie, das will ich nicht!» Vergeblich. Dann fing ich an zu betteln: «Bitte nicht, ich habe keine Zeit dafür, ich arbeite und werde gerade Vater.» Erfolglos. Könnte ich Weinen vortäuschen, hätte ich das auch noch probiert. Aber die gute Nachricht sei doch, sagte mir die Schöffenbeauftragte, dass ich keine Angst vor Benachteiligung am Arbeitsplatz haben müsse: «Der Arbeitgeber ist verpflichtet, Ihnen an Verhandlungstagen freizugeben.» Danke, auf die zusätzliche Sorge, dass ich mit all den Schöffensitzungen auch noch meinen Chef verärgere, war ich noch gar nicht gekommen.

Das Schöffenamt wird als Ehrenamt nicht bezahlt, aber Schöffen, die selbständig sind, erhalten neben einer Zeitentschädigung von sechs Euro in der Stunde eine Verdienstausfallentschädigung von maximal 24 Euro pro Stunde sowie An- und Abfahrtskosten. Dass ich als zugereister Münchner nicht lange genug in der Stadt lebte, um Schöffe zu sein, war außer dem Mann vom Passamt niemandem negativ aufgefallen. Dabei wird die Kandidatenliste erst vom Stadtrat bestätigt und dann vom Amtsgericht noch mal deutlich reduziert. Wer übrig bleibt, wird zur Einführungsveranstaltung eingeladen, auf der theoretisch noch Problemfälle ausgesiebt werden können, wenn sich jemand zu sehr danebenbenimmt. Das wäre meine Chance zum Ausstieg in letzter Minute gewesen: Mit rot gefärbtem Irokesenschnitt und großem «Anarchie»-Zeichen auf dem T-Shirt zur Einführungsveranstaltung fahren und dort für die Abschaffung des Rechtsstaates argumentieren. Wobei Punksein an sich kein Ausschlusskriterium sein dürfte: «Bei der Auswahl der Schöffen soll ein möglichst breiter Querschnitt der Bevölkerung abgebildet werden», steht im Leitfaden. Meine Mitschöffen kamen mir eher wie ein enger Querschnitt der Bevölkerung vor: Mitte 30 bis Anfang 50, weiß, Bildungsbürgertum, berufstätig.

Dass ein großer Altersunterschied oder eine sehr verschiedene Lebenswelt ein Urteil beeinflussen können, habe ich selber erlebt. Als Teenager stand ich einmal vor Gericht, als Kläger: Der Hausmeister eines Baumarktes hatte seinen Schäferhund auf mich gehetzt, weil ich auf dem leeren Parkplatz an einem Sonntagnachmittag Skateboard gefahren war. Wie befohlen biss mich der Hund, der allerdings noch jung war, ich hatte eine kleine Bisswunde, der Jeansstoff blieb heil. Mit meinen damals schon 1,90 Meter Körpergröße hätte ich dem gebrechlichen Hausmeister samt Hund ganz gut eine mitgeben können – aber als Juristensohn macht man das nicht. Wer wie ich schon mal von seinem Vater einen Vortrag über «Gefährliche Körperverletzung und deren Rechtsfolgen» bekommen hat, wehrt sich anders: Ich hab erst Zeugen notiert, eine Familie auf Rollerskates, dann die Polizei gerufen und daraufhin meinen älteren Bruder als Anwalt ernannt. Der folgende Prozess gab mir zu denken: Der erste Richter schien nur mehr Wochen vor der

Pensionierung und gab dem noch älteren Hausmeister, der Adolf hieß und dessen Verteidiger schriftlich anführte, dass der Hund reinrassig sei, recht. Er wies meine Klage ab. Die Begründung des Freispruchs: Mit meinem Skateboard sei ich eine Gefahr für andere gewesen, der Hundebiss also Notwehr. Für den Richter waren Skateboardfahrer so eine Art Vandale, eine Gefährdung für die Öffentlichkeit. Mein Bruder legte Berufung ein, die zweite Verhandlung ging zu meinen Gunsten aus: Der neue Richter, Mitte 40, der als Kind bestimmt selber mal auf einem Skateboard stand, verurteilte den Hausmeister zu einer kleinen Geldstrafe. Ich war 17 Jahre alt und hatte gelernt: Recht ist, was der jeweilige Richter richtig findet.

Einige Monate später machte meine Schulklasse einen Ausflug ins kleine Amtsgericht meiner Heimatstadt, das mit seiner neubarocken Fassade aus dem Jahr 1913 wie ein alter Herrensitz aussieht. Zwei Verhandlungen sollten wir ansehen. In der ersten war ein Mann aus Togo angeklagt wegen wiederholter Beförderung ohne gültigen Fahrausweis. Als der Richter den farbigen Angeklagten ermahnte, er solle künftig «nie mehr schwarzfahren», kicherten einige meiner Mitschüler hörbar. Was mir im Gedächtnis blieb, ist, wie der Angeklagte erzählte, sein Kind habe eine Behinderung, seine Frau könne wegen Krankheit nicht mehr arbeiten, und darum sei das Geld zu knapp für die nötigen S-Bahn-Fahrten nach München. Einige Zeit später traf ich den Mann zufällig am Hauptbahnhof München. Er trug glänzende Herrenschuhe und einen guten Anzug. Ich hätte ihn gerne gefragt, ob er eine Fahrkarte dabeihat.

Jahre später, mit 25, musste ich als Zeuge vor Gericht aussagen, ich hatte eine blutige Schlägerei vor einer Diskothek mit angesehen. Bevor ich in den Gerichtssaal gerufen wurde, saß ich auf einer Wartebank vor dem Saal – und direkt neben mir das Opfer. Wir unterhielten uns, über den Abend, die Schlägerei, wie es aus seiner Sicht dazu kam. Ich fand es seltsam, dass es erlaubt ist, dass Zeuge und Opfer so beisammensitzen und ihre Erinnerungen austauschen durften. Der junge Mann war kaum älter als ich und wirkte sympathisch. Dann wurde ich hereingerufen. Die entscheidende Frage des Staatsanwalts an mich war: «Hat der Angeklagte mit der Bierflasche gezielt auf den Kopf geschlagen?» Das mache den gravierenden Unterschied von «Körperverletzung» zu «gefährlicher Körperverletzung» aus, erklärte mir der Richter. Meine Erinnerung – etwas getrübt durch einige Bier an diesem Abend in der Diskothek und verblichen durch die vielen Monate, die seither vergangen waren – konnte nun den Unterschied ausmachen zwischen Bewährung oder Haft. Alle im Gerichtssaal blickten mich an. Die Gesichter kamen mir fremd vor, ich hätte keinen der Angeklagten mehr erkannt. Ich wusste nur mehr eins: «Der Schlag ging zum Kopf, keine Ahnung, ob das Absicht war. Und das Opfer hat die Täter zuerst beleidigt.» Dann durfte ich gehen.

So hatte sich mir die Justiz bis dahin präsentiert: unvorhersehbar in der Urteilsbegründung (der Hundebiss), leicht zu täuschen (der Schwarzfahrer), angewiesen auf ungenaue Zeugenaussagen (die Schlägerei).

Und doch habe ich während meines Zivildienstes, als die Wahl eines Studienfachs anstand, kurz überlegt, ob ich Jura studieren soll. Mein verstorbener Vater war Jurist, mein älterer Bruder ist Rechtsanwalt, und ein etwas entfernterer Verwandter von uns ist ehemaliger Gerichtspräsident. Von einer Familientradition zu sprechen wäre dennoch übertrieben. Mein Bruder etwa wurde nicht wegen unseres Vaters Anwalt – sondern weil ihn die US-Fernsehserie «L. A. Law» so beeindruckte, die in den 90er Jahren lief, mit Anwälten, die wie Models aussahen und Fälle lösten, die spannend wie ein Krimi waren. Den Unterschied zwischen glamouröser TV-Sendung und eher glanzloser Realität eines Jurastudiums konnte ich an meinem Bruder gut beobachten: Als ich ein Studienfach suchte, befand er sich gerade in der Endphase seines Lernmarathons für das erste Staatsexamen. Er schlich mit Augenringen und fahlem Gesicht durch die Wohnung und hauste zwischen Bücherstapeln. Beim zweiten Staatsexamen war es eine noch größere Quälerei. Das Jurastudium prägt Juristen fürs Leben, es geht sogar ein in ihren Charakter: Ich war mal auf einer Party mit einem Freund, der gerade sein Jurastudium mit Bestnote beendet hatte und später Notar wurde. Man sieht ihm den Juristen außerhalb der Kanzleizeiten nicht an, er hat eine wilde, künstlerische Seite in sich, sein Vater ist ein bekannter Fernsehschauspieler, der Bruder Maler. Dieser Freund hatte eine neue, teure Winterjacke dabei, die er nahe der Eingangstür der Diskothek ablegte. Am Ende des Abends war sie gestohlen. Es war ein kalter Abend, er musste im beginnenden Schneefall nur im Pullover nach Hause radeln – und doch ärgerte sich der Freund nicht. Er sagte einfach nur: «Das war grob fahrlässig von mir.» Der Ausdruck «grob fahrlässig» ist Juristensprache. Andere hätten wütend herumgeschrien ob der Sauerei, im Winter Jacken zu stehlen, mein Freund dagegen ging kurz mit sich ins Gericht und gab sich dann eine Teilschuld. Damit war der Fall für ihn beendet. Seine Ruhe erinnerte mich an meinen Vater, der ebenfalls Jurist war. Er blieb auch in den hitzigsten Familienstreitereien immer sachlich. Mit ihm rein emotional zu argumentieren war nahezu unmöglich, er ließ nur gute Argumente zählen, und am Ende wägte er beide Seiten ab. Vielleicht habe ich das ein Stück weit übernommen. Zumindest hat mir meine temperamentvolle Ex-Freundin immer vorgeworfen: «Mit dir kann man sich gar nicht vernünftig anschreien oder mal einen Teller werfen, du bist so schrecklich sachlich!» Es war einer der Gründe, an denen die Beziehung scheiterte.

Ich glaube, dass ich wie mein Bruder ein ausgeprägtes Rechtsempfinden habe, aber ich bin damit lieber Journalist geworden. Ein kleines Geständnis: Über

meine Juristenfreunde und ihre Vorliebe für gewachs-
te Barbourjacken, rote Cordhosen und Freundinnen
mit Perlenketten habe ich mich gerne lustig gemacht.
Als ich 31 Jahre alt wurde, zeigte mir die Münchner
Justiz, dass sie dort auch Sinn für Humor haben – sie
ernannten mich zum Schöffen.

Gerichtsreportage: Ende einer Liebe

Das Geständnis erreicht sie per SMS, nur mehr wenige Meter vor der Polizeistation. Der Täter hat Glück, dass die Frau ihr Handy im Straßenverkehr überhaupt klingeln hört. Sie holt es aus der Handtasche und liest: «Ich war es doch, geh bitte nicht zur Polizei. Es tut mir so leid. Ich liebe dich.» Sie hat es geahnt, befürchtet, nicht wahrhaben wollen. Sie überlegt, ob sie umdrehen soll, zögert und geht doch weiter zur Inspektion. Einige Monate später sitzen beide im Gerichtssaal und hören dem Staatsanwalt zu, der wenig Freude dabei hat, die 57 Betrugsfälle der Anklageschrift einzeln nacheinander vorzulesen:

«Punkt 37, Sparkasse München, Terminalnummer 1322, Einlösedatum 12.11.2011, Einlösezeit 20:34 Uhr, Einlöseort: Hubert-Schmidt-Straße, Betrag: 110 Euro.» Er räuspert sich. «Punkt 38, Sparkasse München, Terminalnummer 1288, Einlösedatum 17.11.2011, Einlösezeit 11:09 Uhr, Einlöseort …» Hätte der Mann kleinere Beträge in größeren Abständen abgehoben, hätte seine damalige Freundin es vielleicht nicht bemerkt, aber er wollte zu viel in zu kurzen Abständen. Bei Anklagepunkt 43, «Terminalnummer 1199, Einlösedatum 4.12.2011, Einlösezeit 13:01 Uhr ...» verlässt der letzte Zuhörer leise den Saal. Der weitere Prozessverlauf scheint ohnehin klar, der Mann hat bereits gestanden, seiner Freundin binnen fünf Monaten mit deren EC-Karte über 4000 Euro gestohlen zu haben, er kannte die Geheimzahl. Auch das Motiv ist bekannt: seine Drogensucht. Spannender ist es, die beiden zu beobachten, die sich zum ersten Mal seit Monaten sehen: wie er versucht, Blickkontakt zu ihr aufzunehmen, und sie bemüht ist, die linke Seite des Gerichtssaals, die Anklagebank, zu übersehen. Er gibt ganz den reuigen Sünder, der auf eine zweite Chance hofft, vom Richter und von ihr. Sie versucht souverän zu sein, distanziert, als würde ihr das alles gar nichts mehr ausmachen, als wäre ihre Aussage nur eine Formsache. Aber wenn sie spricht, hört man die Wut auf ihn, die nicht verheilte Wunde, so lange belogen worden zu sein. Immer hat sie ihn verteidigt vor ihren Freunden und Bekannten, die sie gewarnt haben, mit einem ehemaligen Junkie zusammen zu sein. Und dann nutzt er ihr Vertrauen so aus. «Bitte verlesen Sie nicht meine neue Adresse!», sagt die Frau zum Richter, als der vor ihrer Vernehmung wie üblich Alter, Beruf, Familienstand von der Zeugin bestätigen lässt. 350 Euro hat der Ex ihr bisher zurückgezahlt, nicht mal ein Zehntel, aber der Angeklagte erzählt es stolz. Und von seinem letzten Drogenscreening berichtet er auch, von Substanzklassen, Nachweisgrenzen und Amphetaminen, er klingt wie ein Chemieprofessor. Wenn man seinen Worten glaubt, wird jetzt alles gut, ist er ein anderer geworden, eine Arbeitsstelle in einem respektablen Unternehmen steht in Aussicht, und die Sucht ist besiegt, diesmal aber wirklich. Als er sich nach seiner Aussage wieder hinsetzt, blickt er in den Saal, zu ihr, aber sie sieht weiter stur geradeaus. Bei uns Richtern kann er auf eine Bewährungsstrafe hoffen, bei ihr sieht es nach lebenslänglich aus, lebenslänglichem Kontaktabbruch.

Dann ziehen wir uns zur Beratung zurück. Für jeden einzelnen der 57 Betrugsfälle, also für jede einzelne Abhebung am Automaten, gibt es ein Strafmaß, erklärt uns der Richter: acht Monate für Schäden unter 150 Euro, zehn Monate für mehr als 150 Euro. Würde man die 57 Fälle mit je acht bis zehn Monaten addieren, würde der Mann bis zum Tod einsitzen. Das Ganze wird darum als ein langer, zusammenhängender Betrugsfall gewertet, macht insgesamt zwei Jahre. Haft oder Bewährung? Der Angeklagte hat dem Gericht ein Schreiben vorgelegt, in dem seine künftige Firma ihr Interesse an seiner Arbeitskraft bestätigt. Wenn wir ihn ins Gefängnis stecken, wäre diese Chance vertan, im Lebenslauf stünden zwei weitere verlorene Jahre, die Rückkehr in einen Beruf wäre danach noch schwieriger. Keiner von uns würde mehr als zehn Euro darauf setzen, dass der Mann sein Leben auf die Reihe kriegt. Und doch gehen wir die Wette ein. Die «gerade noch so positive Sozialprognose» reicht für

Bewährung, wird verlesen, dazu gibt es «ein Drogenverbot für die Dauer der Bewährung», wie es der Richter etwas unglücklich formuliert. Obendrauf muss der Angeklagte Sozialstunden ableisten und regelmäßig zu Drogentests. «Ich werde das sehr genau verfolgen», mahnt der Richter streng. In seiner weiteren Urteilsbegründung ist er jedoch sanft: «Wenn Sie wieder mal in eine Lebensphase kommen, in der es kriselt – davor ist ja niemand gefeit! –, dann wünsche ich Ihnen, dass Sie diesmal die Stärke haben, den Drogen zu widerstehen.» Die erste Krise beginnt noch im Gerichtssaal, die Ex-Freundin geht mit schnellen Schritten hinaus, ohne ihn eines Blickes zu würdigen.

KAPITEL 3

Schlechte Schöffen, gute Schöffen und ein Gefängnisbesuch

Im Prozess gegen den Amokschützen Anders Breivik, der in Norwegen 77 Menschen getötet hat, musste einer der Schöffen im laufenden Prozess ausgeschlossen werden. Der Mann hatte wenige Stunden nach der Tat im Internet einen Artikel über Breivik kommentiert und sich dabei für die Todesstrafe ausgesprochen. Ein anderer Schöffe in diesem Prozess wurde gefilmt, wie er während der Verhandlung das Kartenspiel Solitaire auf seinem Laptop spielte. Im hierzulande viel beachteten Prozess um den Mordfall Johnny K., der am Alexanderplatz in Berlin totgeprügelt wurde, musste die Verhandlung abgebrochen und von vorne begonnen werden, weil der Schöffe einen Hauptzeugen im Gerichtssaal angeschnauzt hatte mit den Worten: «Sind Sie feige oder wollen Sie uns verarschen?» Der Zeuge hatte nach der Tat bei der Polizei noch sehr detailliert ausgesagt – sich aber dann im Gerichtsprozess plötzlich an nichts mehr erinnern können. In einem Zeitungsinterview rechtfertigte der Schöffe seinen Wutausbruch und kritisierte einen der Verteidiger. Das erlaubte es der Verteidigung, den

Schöffen wegen Befangenheit austauschen zu lassen. Im Prozess um den Mord an der neunjährigen Peggy mussten Kinder, die der Angeklagte sexuell belästigt haben soll, noch ein zweites Mal aussagen, weil dem Verfahren irrtümlich die falsche Schöffin zugeteilt worden war. Auch beim Prozess gegen den Vater des Amokläufers von Winnenden, angeklagt, weil er die Tatwaffen nicht ordnungsgemäß weggesperrt hatte, musste einer der beiden Schöffen ersetzt werden. Der Schöffe war in der Nacht vor dem letzten Verhandlungstag betrunken auf dem Bürgersteig aufgefunden worden, neben sich eine Tasche, in der sich Teile der Anklageschrift und handschriftliche Notizen aus dem Prozess befanden. Die ihn auflesende Polizei beschimpfte er. Nur weil am Prozess vorsichtshalber ein Ergänzungsschöffe teilgenommen hatte, musste das Verfahren wegen Verstoßes gegen das Waffengesetz nicht wiederholt werden. Und bei der Verhandlung gegen Angestellte des Düsseldorfer Flughafens, wo 17 Menschen bei einem Brand ums Leben gekommen waren, wurde einem Schöffen nach 42 Prozesstagen ein Alkoholproblem bescheinigt. Weil das Erinnerungsstörungen zur Folge haben kann, wurde er für prozessunfähig erklärt. Zu diesem Zeitpunkt hatten bereits mehr als 40 Zeugen und fünf Sachverständige ausgesagt.

Es ist erstaunlich und bedenklich, in wie vielen Prozessen es Probleme mit den Schöffen gibt. Im Archiv finden sich Zeitungsartikel über einen Schöffen,

der bei einer Verhandlung gegen einen arabischstäm-
migen Mann ein T-Shirt trug mit dem in der rechten
Szene beliebten Schriftzug «Pitbull Germany». Ein
anderer Schöffe fiel auf, weil er bei der Vereidigung
die Hand versehentlich zum Hitlergruß streckte statt
wie vorgesehen zum Eidschwur. Und es gab Schöffen,
die beim Prozess eingeschlafen sind. Da zumindest
habe ich etwas Verständnis – unterdrücktes Gähnen
und Streckübungen der Beine unterm Richtertisch
haben bei mir aber immer Schlimmeres verhindert.
Kurze Unterbrechungen zum Lüften oder für kleine
Gymnastikübungen würden manchem Prozess guttun.
Wieso gibt es so viele Zwischenfälle mit Schöffen,
selbst bei besonders sorgfältig vorbereiteten Verhandlungen wie dem Breivik-Prozess in Norwegen oder
den erwähnten Fällen in Deutschland? Werden die falschen Bürger zu Schöffen ernannt? «Sie können sich
nicht mit jedem Kandidaten eine halbe Stunde beschäftigen», bat die Sprecherin des Münchner Amtsgerichts um Verständnis, nachdem ein Schöffe von
einem Mordprozess wegen ungenügender Deutsch-
kenntnisse ausgeschlossen werden musste. Er hatte
der Verhandlung kaum folgen können. Ob ich mich
überhaupt zum Schöffen eigne, wurde nie überprüft.
Wie auch? Auf der Liste möglicher Kandidaten für
meine Schöffenperiode standen 2612 Personen. Sie
alle vorher persönlich kennenzulernen würde einen
Amtsrichter für Jahre beschäftigen. Die für die Auswahl zuständigen Richter erfahren nur die Namen,

Adressen, Berufe und das Geburtsdatum der Kandidaten. Politische Aktivität, Gesinnung, Sprachkenntnisse oder Geisteszustand bleiben außen vor. Das ARD-Magazin «Fakt» berichtete, dass die rechtsextreme Partei NPD das Schöffentum als Möglichkeit zur Einflussnahme auf Urteile im rechtsnationalen Sinn entdeckt hat. Auf Facebook findet man etwa folgenden Aufruf des NPD-Kreisverbandes Wartburg: «Jetzt Schöffe werden und nationales Denken durchsetzen!» Auf der Webseite der Partei wird gepoltert, die Justiz habe sich zur «Hure der Politik» degradieren lassen, die «patriotisch gesinnten Landsleute» werden aufgerufen, als Schöffe gegen die «Interessen von Kuschelpädagogen» zu stimmen. In einigen Städten wie Riesa in Sachsen wurden NPD-Anhänger nachweislich ins Schöffenamt gewählt. Politisch motivierte Schöffen sind das eine Problem, ein anderes, häufigeres, sind unmotivierte Schöffen. Hans Holzhaider, langjähriger Gerichtsreporter der Süddeutschen Zeitung, schätzt, dass 80 Prozent der Schöffen vor Gericht nie ein Wort sagen und einfach nur stumm neben dem Richter sitzen. Holzhaider sitzt meist in Verhandlungen des Landgerichts, wo die großen Prozesse wie Mord und Bandenkriminalität verhandelt werden. Ich vermute, dass diese vielbeachteten Verhandlungen auf Schöffen einschüchternd wirken. An meinem Amtsgericht habe ich beides erlebt: Schöffen, von denen man nur ein «Guten Morgen» hört und drei Stunden später erst wieder das «Auf Wiedersehen». Und Schöffen, die im

Prozess selbstbewusst Fragen stellen, mit dem Richter ausführlich das Strafmaß diskutieren und bei Uneinigkeit sogar anders als er stimmen. Die Mehrheit, so meine Erfahrung, schweigt im Prozess, versucht sich dann aber zumindest im Richterzimmer bei der Urteilsbemessung hier und da einzubringen. Wenn bei Gericht Zeugen oder der Angeklagte aussagen, fragt der Richter am Ende der Vernehmung die Schöffen: «Haben Sie noch Fragen?» In 90 Prozent der Fälle sagen die Schöffen: «Nein.» Je erfahrener ich als Schöffe wurde, desto häufiger habe ich «Ja» gesagt. Eine Nachfrage des Schöffen finden alle im Saal gut. Zwei Nachfragen wirken besonders engagiert. Ab drei Nachfragen hatte ich das Gefühl, dass man zu nerven beginnt. Mehr als drei Anfragen am Stück habe ich nie gestellt, ich vermute, der Richter würde ab der vierten Frage eingreifen und darauf hinweisen, dass es seine Verhandlung ist.

Es ist gar nicht leicht, ein guter Schöffe zu sein, denn: Wie ernst meint es das Justizsystem eigentlich mit uns? Einerseits bekommt der Schöffe enorme Macht, andererseits wird der Schöffe in die Rolle des schweigenden Betrachters gedrängt, weil er die Akten nicht einsehen darf, die entsprechenden Gesetze nicht vorab lesen soll. Bei der Abstimmung über das Urteil zählt meine Schöffenstimme ja genauso viel wie die des Berufsrichters. Am Amtsgericht, wo Verfahren mit Schöffen ab einer zu erwartenden Strafe von zwei bis maximal vier Jahren verhandelt werden, sitzen zwei Laienrichter nur einem Profirichter gegenüber und können somit jedes Urteil kippen. Beim Landgericht, das Kapitaldelikte wie Mord mit bis zu lebenslänglicher Haft verhandelt, sitzen bei der großen Strafkammer zwei Schöffen je nach Fall drei Berufsrichtern zur Seite. Weil für einen Schuldspruch vier von fünf Richtern zustimmen müssen, können die Laienrichter auch hier den Berufsrichter aufhalten. Wenn beide Schöffen gegen einen Schuldspruch stimmen, ist das ein Freispruch. Und doch ist in der Verhandlung gerade bei den kurzen Amtsgerichtsverhandlungen keine wirklich aktive Rolle für uns Schöffen vorgesehen. So sitzt man still am Richtertisch: irgendwie wichtig, irgendwie nicht. Soll man sich als echter Richter fühlen oder nur als Zuschauer mit besonders gutem Sitzplatz?

Die Einführungsveranstaltung passt gut in dieses unentschlossene Bild: Einen Tag lang gibt sich der Staat richtig viel Mühe mit seinen angehenden Schöffen – mit langen Vorträgen und dem Besuch einer Justizvollzugsanstalt –, danach hört man als Schöffe nie mehr etwas vom Staat. Es gibt keine weiteren Einladungen zu Fortbildungen, kein zwischenzeitliches «Wie geht es Ihnen als Schöffe?». Ich habe meine Einführungsveranstaltung – noch schmollend über meine Zwangsverpflichtung – einfach ignoriert. Das sollte eine Provokation sein, ein aufsehenerregender Boykott. Aber niemand hat sich darum gekümmert. Inzwischen weiß ich, dass der Besuch des Einführungstages nicht verpflichtend ist. In Berlin gab es im Januar

2009 Beschwerden über einen hoffnungslos überlaufenen Einführungstag, schreibt der Tagesspiegel. Obwohl die Stadt alle 6000 neuen Schöffen zu der Veranstaltung eingeladen hatte, rechnete man nur mit wenig Interesse – es kamen aber über 1000 Besucher.

Wie so ein Einführungstag abläuft, habe ich erst nachträglich erfahren. Besonders beeindruckend ist dabei die Führung durch ein Gefängnis inklusive Zellenbesichtigung. Wer als braver Staatsbürger keine Knasterfahrung hat – und Bürger mit mehr als sechsmonatiger Freiheitsstrafe sind ja vom Schöffenamt ausgeschlossen –, für den ist eine Haftstrafe nur eine vage Vorstellung. Ein Mix aus ZDF-Dokumentationen über Strafvollzug und Privatfernseh-Reportagen der Sorte «Hinter Gittern – Leben im Frauenknast» von RTL 2. Ich habe beispielsweise nur einen entfernten Bekannten aus Berlin, der schon mal im Gefängnis war. Für etwas über zwei Jahre wegen Drogenhandels. Ein über 1,90 Meter großer, von Natur etwas finster aussehender Mann, der sich nach der Freilassung eine kleine Katze gekauft hat. Schweigsam saß er mit dem Kätzchen bei einem Freund von mir auf der Couch, wir spielten zusammen mit einer Videokonsole, und ich erinnere mich daran, dass er trotz seiner imposanten Erscheinung verloren wirkte. Der Bekannte wollte nicht über seine Zeit im Gefängnis reden. Darum ist es so lohnenswert, einmal in einer echten Zelle zu stehen und in wenigen Schritten vom einen Ende zum anderen zu schreiten, Waschbecken, Bett und Schrank zu sehen oder in Gemeinschaftszellen den kleinen Vorhang für die Privatsphäre. Während sich die Schöffengruppe in der Zelle vorstellt, wie es wäre, hier einzusitzen, stehen die eigentlichen Insassen draußen vor der Tür. Vermutlich stellen sie sich dabei vor, wie es wäre, als Schöffe gleich wieder nach Hause fahren zu dürfen. Wie hart der Alltag in deutschen Gefängnissen ist, lässt sich als Außenstehender nur vermuten. Ja, es gibt dort Sportplätze, eigene Fernseher, Therapiegruppen. Und die Möglichkeit, eine Ausbildung zu machen, zur Wahl stehen bis zu 25 verschiedene Arbeitsstätten. Aber es gibt auch diese Studie des Kriminologischen Forschungsinstituts Niedersachsen, der zufolge jeder vierte Inhaftierte angegeben hat, Opfer von körperlichen Übergriffen geworden zu sein. Binnen eines Monats. 6384 Häftlinge in fünf Bundesländern wurden anonym befragt. Ich war dabei, als ein Staatsanwalt und ein Anwalt darüber sprachen, einen Junkie lieber erst nach der Haft die Drogentherapie beginnen zu lassen, denn die für den Angeklagten vorgesehene Justizvollzugsanstalt sei bekannt für ihr massives Drogenproblem. Als Schöffe ist es komplex genug, das richtige Strafmaß zu finden, auch ohne all die Probleme des Strafvollzugs zu berücksichtigen. Darum nur kurz noch einige Statistiken, die mir wichtig erscheinen, um die Ausmaße des Strafvollzugs in Deutschland zu verstehen: Knapp 60000 Männer waren 2013 in Deutschland inhaftiert, dagegen nur rund 3500 Frauen, weniger als sechs Prozent. 19000 Menschen sind für weniger als ein Jahr in Haft, eine lebenslange Haftstrafe sitzen etwa 2500 Gefangene ab. Im selben Jahr gab es knapp sechs Millionen registrierte Straftaten in Deutschland. Mord wird nahezu immer aufgeklärt, Handtaschendiebstahl statistisch betrachtet fast nie. Die meisten der zu einer Haftstrafe verurteilten Straftäter sitzen wegen Diebstahl und Unterschlagung ein (12 600), es folgen Drogendelikte, Körperverletzung, Raub und Erpressung. Aufgerundet zwei Drittel der Häftlinge (42 000) hatten bereits eine Vorstrafe, und rund 6700 Strafgefangene mussten noch im ersten Jahr nach der Entlassung zurück ins Gefängnis. 88 Euro kostet ein Häftling den Steuerzahler pro Tag, mehr als die Hälfte von ihnen arbeitet, im Schnitt für zwölf Euro am Tag, Gefangene fertigen etwa Lebkuchenverpackungen und Lego-Spielzeug an. Nur zwei Stunden im Monat darf ein Straftäter Besuch empfangen, was mir besonders für Väter oder Mütter mit kleinen Kindern sehr wenig vorkommt.

Eine Kollegin von mir ist seit Anfang 2014 Schöffin an einem Landgericht, ich habe sie gefragt, wie sie ihre Mitschöffen findet. Sie erzählte mir von ihrer Einführungsveranstaltung, von den Fragen, die an diesem Tag gestellt wurden, und von ihren Gesprächen mit anderen Schöffen. «Ich glaube, dass viele Schöffen den Wunsch haben, einmal selbst für Recht und Ordnung sorgen zu dürfen, härter durchzugreifen», sagte sie. Die Handvoll Schöffen, mit denen ich zu tun hatte, hatten keine «Richter Gnadenlos»-Attitüde. Wir

Schöffen waren mit unserer Vorstellung einer sinnvollen Strafe meist sehr nah beisammen, meine Mitschöffen haben sich nie abfällig über bestimmte Tätergruppen geäußert, die Entscheidung gegen eine Bewährungsstrafe und für eine Haftstrafe fiel ihnen so schwer wie mir. Eine Richterin hat mir erzählt, dass sie zwei Schöffinnen hatte, die im Fall einer häuslichen Vergewaltigung dem Opfer, der Frau, eine Mitschuld gaben, die sagten, die solle sich halt nicht so anstellen. Die Richterin fand das schockierend.

Es gibt übrigens auch die leichten, amüsanten, absurden Momente des Schöffeseins: etwa den Rat eines Richters, dass man sich montags und dienstags besonders warm anziehen solle, weil das Gerichtsgebäude übers Wochenende nicht beheizt wird. Es gibt keinen vorgeschriebenen Dresscode für Verhandlungen, in meiner Schöffenbroschüre steht: «Bitte tragen Sie in der Sitzung eine Kleidung, die der Würde des Gerichts entspricht.» Etwas vage. Ich kenne Männer, die ein Trikot des FC Schalke 04 für ein sehr würdevolles Kleidungsstück halten. Als ich einen Richter an einem warmen Sommertag vor Prozessbeginn fragte, ob ich der Würde des Amts entsprechend gekleidet sei, sagte der ganz humorfrei: «Das, was Sie anhaben, geht so noch in Ordnung.» Zu meiner Verteidigung: Ich hatte ein schwarzes Herrenhemd zu Jeans und Lederschuhen an. Damit fand ich mich besser angezogen als besagter Richter nach Ablegen der Robe. Aber von da an trug ich immer Sakko. Eigentlich selbsterklärend:

Abzeichen, zumal politische, darf man nicht an der Kleidung tragen. Essen und Trinken mitbringen ist erlaubt, angesichts der Qualität der Gerichtskantine meiner Meinung nach sogar geboten, wenn man mehr als Schokoriegel sucht. Ich habe zweimal versucht, mir dort etwas zu essen zu kaufen – um dann beide Male doch noch schnell zu einem Restaurant in der Nähe zu laufen. Oft waren meine Gerichtstage schon vor dem Mittagessen beendet, selten hatte ich am Nachmittag noch einen zweiten Prozess. «Verlassen Sie sich nie auf die Zeitangaben bei Gericht», hat mir ein Richter gesagt. Stimmt. Öfters habe ich halbe oder auch schon mal ganze Stunden damit verbracht, auf verspätete Zeugen zu warten. Einmal musste ein Angeklagter von der Polizei vorgeführt werden, vom Klingeln an der Haustür des Angeklagten bis zum Betreten des Verhandlungssaals vergehen da schnell 90 öde Minuten. Sehr peinlich ist es, wenn man selber der Grund für die Verzögerung ist. Wie an jenem Vormittag, an dem ich nach dem Joggen neun Anrufe in Abwesenheit hatte von der Schöffendienststelle. Ich hatte den Termin schlicht vergessen, sehr unangenehm, wenn man weiß, dass vom Staatsanwalt über Zeugen bis zum Stenographen alle auf einen warten und mühsam ein Ersatzschöffe gesucht werden muss, der sofort Zeit hat. Zur Strafe musste ich 300 Euro zahlen, wer mutwillig oder wiederholt fehlt, zahlt 1000 Euro. Der Feierabend des Schöffen zumindest ist garantiert: Spätestens um 17 Uhr ist Verhandlungsschluss.

Eine Schöffenregel, die ich konsequent gebrochen habe: Auf das Mitschreiben im Prozess soll man in kürzeren Verhandlungen verzichten. Machen aber trotzdem viele. Damit ich nicht den Überblick verliere, was Herr Müller und Frau Schmidt gesagt haben, und ehrlich gesagt auch, damit man mal was zu tun hat. Offiziell heißt es, die Schöffen sollen lieber genau zuhören und hinsehen, falls dem Richter etwas entgehen sollte, wenn der eine Aktennotiz schreiben oder etwas verlesen muss. Souffleusendienste haben meine Richter aber nie gebraucht. Ein absolutes Tabu: Diskussionen mit dem Richter im Gerichtssaal. Alle Fragen, Bedenken und Meinungsverschiedenheiten hebt man sich auf für die Besprechungen im Hinterzimmer vor der Urteilsverkündung. Ohnehin der spannendste Ort im Gericht, was dort gesagt wird, ist vertraulich, dazu später mehr.

Aber auch in einer öffentlichen Verhandlung erfährt man Details aus dem Leben der Angeklagten, die diese bestimmt lieber geheim gehalten hätten: Drogenprobleme, Schulden, Misshandlungen. Umso unangenehmer, wenn man einen Angeklagten zufällig kennt. Dann darf sich der Schöffe als befangen erklären. Meiner Kollegin, der Landgerichtsschöffin, ist das tatsächlich schon passiert: In einer Verhandlung stand plötzlich ein Patient ihres Ehemanns vor ihr. Allerdings gilt nicht jeder Bekanntheitsgrad gleich als Grund für Befangenheit: der Nachbar etwa noch nicht, was mich wundert, denn künftige Begegnungen können von dem Prozessverlauf erheblich erschwert werden. Sollte der eigene Bruder oder Onkel vor der Richterbank stehen, wird der Schöffe aber ausgetauscht. München hat zu viele Einwohner, um vor Gericht oft Bekannte anzutreffen, aber in kleineren Städten kann das durchaus ein Problem sein, wie ich selber erlebt habe. Ich komme aus einer Stadt mit 30 000 Einwohnern, als meine Klasse einen Ausflug zum Gericht machte, trat am Ende der Verhandlung, als wir noch unsere Jacken zusammensuchten, der nächste Angeklagte in den Saal – mein guter Freund Bernd. Er war beim Kiffen erwischt worden. Das wusste danach die ganze Schule.

Gerichtsreportage: Der Flaschendieb

«Ein kräftiger Stoß», sagt der Staatsanwalt. «Nicht mal leicht geschubst», findet der Verteidiger. Einig sind sie sich darin, dass der Angeklagte eine Autobatterie und einige Flaschen Hochprozentiges gestohlen hat. Trotzdem muss weiterverhandelt werden: Zählt man alle Beteiligten zusammen, sind 13 erwachsene Menschen einen ganzen Vormittag damit beschäftigt, herauszufinden, ob der unverletzt gebliebene Supermarktangestellte, der den Dieb aufhalten wollte, weggestoßen wurde oder nur weggerutscht ist. Klingt kleinlich, aber das Gesetzbuch nimmt es da ganz genau: Eine Stoßbewegung kann den Unterschied machen zwischen Diebstahl ohne Gewaltanwendung und räuberischem Diebstahl, der deutlich härter bestraft wird. Und jetzt wird es kompliziert: Ein kräftiger Schubser kann schon räuberischer Diebstahl sein, ein sehr sanfter Schubser nicht unbedingt. In Kriegsgebieten würden sich Richter sicherlich nicht mit Schubsern befassen, aber im friedlichen Deutschland und im besonders friedlichen München eben schon. Und je länger die Verhandlung dauert, desto interessanter wird tatsächlich die Frage: «Schubser oder nicht?» Weil ein Gesetzbuch das alles einem Strafmaß zuordnen muss: Schubsen, Knuffen, Rempeln, Rammen, Prellen, Stoßen, Hauen, Schlagen. Nicht zu vergessen Hieb und Kopfnuss. Doch wie schlimm ist «ein Schlenker gegen den Körper», wie der letzte von vier Zeugen die Tat seltsam umschreibt? Im Zusammenhang mit einem Ladendiebstahl mag dies wie Haarspalterei erscheinen – aber stellt man sich einen vollen Bahnsteig vor, von dem aus ein Mann vor den einfahrenden Zug fällt und stirbt, dann versteht man sofort, warum die Frage, ob Knuffen, Rempler oder Stoß, enorm bedeutsam sein kann.

Im Fall des Flaschendiebes geht es nicht um einen Todesfall, nervös macht uns Richter das ungeborene Leben im Saal, die kurzfristig einberufene Bulgarisch-Dolmetscherin ist hochschwanger. «Kommt aber heute nicht», sagt sie zuversichtlich und streichelt über den riesigen Bauch. Der Angeklagte blickt stumm und nervös zu Boden. «Er leidet an Spielsucht und hatte sein ganzes Monatsgehalt an Automaten verzockt», sagt der Verteidiger. Darum der heimliche Griff zur Autobatterie für etwa 100 Euro, die Tankstellenkamera hat alles festgehalten. Und dann sind da noch die sechs bis acht Flaschen Alkohol, darunter Whisky, die der Mann im Supermarkt eingesteckt hat, bevor er zügig zum Ausgang schritt. Der Filialleiter bemerkte es, hielt den Mann fest. Und dann? «Er hat sich befreit», sagt der Filialleiter versöhnlich, «aber nicht wirklich geschubst», darum habe er «keine Schmerzen gehabt». Fall gelöst? «Moment, in Ihrer Zeugenaussage haben Sie damals von einem ‹starken Stoß in die rechte Seite› berichtet!», wundert sich der Richter. «Ich habe den Mann leicht am T-Shirt gehalten, denn wir haben die Anweisung, dass wir Diebe nicht gewaltsam festhalten dürfen», erklärte der Filialleiter, «weil man uns sonst den Vorwurf machen könnte, wir hätten sie verletzt.» Hinterherlaufen sollen Supermarktangestellte den Ladendieben auch nicht, sagte er, darum verfolgte er den Angeklagten nur 150 Meter weit, bis dieser ihm die Tasche mit den Flaschen schließlich zuwarf, wobei einige kaputtgingen.

Sogar ein Psychologe wird noch in die Verhandlung bemüht, hier werden keine Kosten gescheut, er erklärt uns die tiefere Bedeutung der Spielsucht, an welcher der Angeklagte leidet – nämlich den dahinterstehenden Wunsch, dem Leben möglichst sofort eine Wendung zu geben, der Familie mehr bieten zu können als die 1100 Euro netto als Paketbote. Das Urteil steht an. Für den Angeklagten spricht, dass er vor der Verhandlung an den Filialleiter und an den Tankstellenleiter je einen Scheck über etwas mehr als die Schadenssumme geschickt hat. Gegen den Angeklagten spricht, dass er sich schon 1992, 1993, 2005 und 2008 wegen Diebstahl vor Gericht verantworten musste.

Der Staatsanwalt fordert eine Gefängnisstrafe von etwas über einem Jahr, wir drei Richter werten den

Stoß als Stößchen und geben eine Bewährungsstrafe. Aber: Der nächste Schubser, Rempler oder Schlenker führt direkt in den Knast.

KAPITEL 4

Wie im Film: Der erste Prozess

Am Amtsgericht München bin ich vor meiner Schöffenzeit immer nur vorbeigeradelt, zum 200 Meter weiter liegenden, größten englischsprachigen Kino der Stadt. In meiner ersten Verhandlung kam ich mir auch vor wie im Film – wie in einer schlechten Komödie. Vor Verhandlungsbeginn muss ich vom Richter vereidigt worden sein, ich entsinne mich aber nicht mehr daran und vermute daher, dass die Zeremonie nicht besonders feierlich war. Mein Mitschöffe und ich hatten unsere erste Verhandlung, da hätte er uns freundlich willkommen heißen können, einige feierliche, warum nicht pathetische Worte über das Richteramt verlieren können, über dessen Bedeutung für die Gesellschaft. Dazu ein, zwei auflockernde Scherze über Staatsanwälte oder Verteidiger. Stattdessen sagte mein erster Richter nur das Nötigste: Der zu verhandelnde Wirtschaftsstraffall sei kompliziert, die Akten dick, Schöffen würden vorab keine Einsicht bekommen, und das alles sei ohnehin zu komplex für uns als Laien. Mit dem Gefühl, überflüssig zu sein, schritt ich hinter dem Richter in den

Saal, nahm Platz zu seiner Linken, die Anwesenden hatten sich für uns erhoben, zumindest das war nett, dann nahmen alle Platz.

Zwei ehemalige Geschäftspartner streiten sich, es geht um rund 100 000 Euro. Eine beeindruckend hohe Summe, fand ich, über die in dicken Aktenordnern seit Monaten gerungen worden war. Der angeklagte Bauunternehmer wirkte relativ gelassen. Im Zuschauerbereich saßen der geschädigte Mediziner und seine Ehefrau, sie wirkten angespannt. Ich dachte bei mir: «Hier geht es um die Existenz.» Dann begann die Verhandlung. Ich erfuhr, dass der Arzt seine Praxis in Deutschland aufgegeben hatte, um im Ausland in einem neu eröffneten Hotelkomplex zu arbeiten. Doch die Fertigstellung des Hotels verzögerte sich, der Arzt hatte nicht die zugesagten Patienten. Es kam schließlich zum Streit, der Arzt wollte Geld vom Hotelbesitzer. So weit kam ich noch mit. Das zentrale Beweisstück der Verhandlung war der Arbeitsvertrag zwischen Arzt und Unternehmer. Und dann wurde es konfus. Beide Parteien waren sich noch einig, dass der Arbeitsvertrag eine Fälschung sei. Dann warfen sie sich gegenseitig Betrug vor. Der Briefkopf sei nachträglich falsch datiert, sagte der Unternehmer. Der Arzt dagegen erklärte, die Unterschrift sei gar nicht von ihm. Aussage stand gegen Aussage. Ein Gutachter wurde hereingerufen, der das Schriftstück untersucht hatte. Endlich Klarheit, dachte ich, dann sagte der Experte aber nur, dass er nicht mit letzter Sicherheit einen Betrug nachweisen könne. «Das originale Schriftstück ist bei der Akteneinlagerung im Gericht verlorengegangen, ich habe nur eine Fotokopie bekommen.» Der Richter schüttelte genervt den Kopf ob dieser Schlamperei, dann verlas er, der nächste Zeuge habe sich entschuldigt «wegen Schwindel». Ich musste kurz hörbar lachen und erntete einen ernsten Blick. Nach kurzer Beweisaufnahme zogen wir uns in das Richterzimmer zurück. Dort sagte uns der Richter knapp, dass ein anderes Gericht den Fall übernehmen würde. Der Prozess wurde ergebnislos beendet. Ich bekam eine Bestätigung, mit der ich zur Zahlstelle ging, wo mir etwa 90 Euro für Verdienstausfall und Fahrtkosten zugewiesen wurden. Als ich kurz darauf vor dem Gerichtsgebäude stand, kam mir das alles sinnlos vor. Was soll ich in so einem Prozess auf der Richterbank? Alle relevanten Schriftstücke zu lesen würde zwei Tage dauern, sie zu verstehen zwei Wochen, der Richter fasste den Fall aber in drei Minuten zusammen. Schöffen dürfen Fragen stellen im Prozess, aber ich hätte nicht nur eine Frage, sondern 20 gehabt. Der Anklageschrift war ohne BWL-Studium kaum zu folgen, was aber ohnehin egal war, weil das alles entscheidende Schriftstück verschlampt wurde. Müsste jetzt nicht Kurt Felix um die Ecke kommen und «Versteckte Kamera» rufen?

Mein erster Tag als Schöffe wirkte wie ein einziges, langes und überzeugendes Plädoyer für die Abschaffung des Schöffenamts. Tatsächlich wird das Schöffenamt seit einigen Jahren stark kritisiert, in Richterkreisen scherzt man bisweilen über uns Beisitzer als «Beischläfer». Selbst Bayerns Justizministerin Merk plädierte schon dafür, bei komplizierten Wirtschafts- und Steuerverfahren sowie in Prozessen gegen terroristische Vereinigungen künftig auf Schöffen zu verzichten. Bei einer Umfrage unter Richtern gab es den Vorschlag, die Schöffen überhaupt nur noch in der Berufungsinstanz einzusetzen. Sogar die politisch links stehende Tageszeitung taz, sonst Befürworter der Bürgermitbestimmung, sprach sich in einem Kommentar gegen Schöffen aus: Die Idee, Laien an der Rechtsprechung zu beteiligen, sei zu Zeiten adliger Richter ja noch sinnvoll gewesen, heute passe das nicht mehr in die Zeit. Kleine Geschichtsstunde: Karl der Große gilt als Vater des Schöffenamts, seine Gerichtsreform um das Jahr 740 führt es ein, zu Zeiten der Karolinger. Berufen wurden etwa angesehene freie Bauern. Der Absolutismus schwächt einige Jahrhunderte später dieses kleine Mitspracherecht der Bürger wieder, zudem bildete sich der Beruf des Richters heraus. Die Aufklärung und in deren Folge die bürgerlich-demokratische Vormärz-Revolution von 1848 erkämpft dem Bürgertum das Recht zurück auf Mitbestimmung bei Gericht und Kontrolle der Rechtsprechung. Von 1878 bis 1924 gab es in Deutschland Schwurgerichte, wie man sie heute noch aus den USA und Hollywoodfilmen kennt. Wo der Richter nur die Urteilshärte bestimmt und das Verfahren leitet, über Schuld oder Unschuld jedoch eine

Jury aus meist zwölf Geschworenen entscheidet. In der Weimarer Zeit wurden die Geschworenen abgeschafft, weil sie zu oft Fehlurteile fällten und zu hohe Kosten verursachten. Erst nach dem Zweiten Weltkrieg entstand das Schöffenamt im heutigen Sinn. Alles nur Sozialromantik? Oder eine fortführenswerte Tradition?

Es dürfte mehr als eine halbe Million ehemaliger Schöffen in Deutschland geben, aber außerhalb der Gerichtssäle machen sie kaum auf sich aufmerksam. Wenn alle fünf Jahre neue Schöffen gesucht werden, liest man in Lokalzeitungen kurze Aufrufe zur Bewerbung, ab und zu wird ein Schöffe porträtiert. Die große Debatte bleibt bisher aus, dabei ist das kritisierte Schöffenamt wie das Wahlrecht und der Volksentscheid eine der wenigen direkten Einflussmöglichkeiten auf die staatliche Gewaltausübung. Oder wie es der Leitfaden für Schöffen aus dem Saarland schreibt: «Die Funktion des Schöffenamts ist eine zweifache: Berufserfahrung einbringen und gewährleisten, dass die Strafjustiz die Bodenhaftung nicht verliert und bei der Urteilsfindung der Schwere der Schuld, aber auch dem Einzelschicksal sowohl auf Opfer- wie auf Täterseite gerecht wird. Das Schöffenamt stärkt damit das Vertrauen der Bevölkerung in eine unabhängige Rechtsprechung.» Wir Schöffen sollen den Berufsrichtern dabei nicht nur auf die Finger schauen. «Andererseits kommt den Schöffinnen und Schöffen als Multiplikatoren in der Bevölkerung eine ebenfalls wichtige Bedeutung zu», so der Schöffenleitfaden weiter. Wir sollen «das Verständnis wecken für die Schwierigkeiten und vielen Begleitumstände, unter denen die Strafjustiz ihrer verantwortungsvollen Aufgabe nachzukommen hat».

Es gibt durchaus Menschen, die für den Erhalt des Schöffenamts kämpfen. Schöffenverbände aus 14 Ländern haben sich im Mai 2012 auf die «Europäische Charta der Ehrenamtlichen Richter» geeinigt. Die Forderungen gleichen denen des deutschen Bundesverbandes ehrenamtlicher Richterinnen und Richter vom 9. Juli 2000. Auf einen Satz verkürzt: Ja, es gibt Schwächen am Schöffensystem – aber unsere Konsequenz daraus sollte nicht abschaffen lauten, sondern das Ehrenamt ausbauen und ordentlich ausstatten. Die wichtigsten Forderungen: Schöffen sollten rechtzeitig vor Beginn der Verhandlung schriftliche Informationen über den Prozess erhalten, dazu Akteneinsicht und eine Zusammenfassung eventueller Vorgespräche zwischen Richter und Anwälten. Statt Schöffen, wie es seit Jahren geschieht, von immer mehr Verfahren auszuschließen, sollte man sie viel öfter einsetzen. Dort, wo Schöffen bisher nicht miturteilen dürfen: beim Oberlandesgericht; bei Strafvollstreckungskammern, die Bewährungen widerrufen; bei der Zivilgerichtsbarkeit, die vom Kindeswohl bis zur Mietstreitigkeit für Gebiete zuständig ist, in denen Schöffen besonders gut Lebenserfahrung einbringen könnten. Und wieso fehlen Schöffen, also Volkes Meinung, wenn Oberverwaltungsgerichte über Kraftwerke, Deponien, Flughäfen und deren Rechtmäßigkeit urteilen? Die Schöffenvertreter fordern nicht nur, sie bieten im Gegenzug auch an, mehr Verantwortung zu übernehmen, indem Schöffen etwa die Urteile mit unterzeichnen könnten. Schöffen sollen neben einem verpflichtenden Einführungstag bitte auch weitere Fortbildungen bekommen.

So weit stimme ich allen Punkten zu. Beim nächsten fällt mir das trotz grundsätzlicher Sympathie für den Gedanken schwerer: Die Schöffenvereinigungen fordern, bei der Auswahl der Schöffen deren Interessen, Kenntnisse, Fähigkeiten und Qualifikationen zu berücksichtigen. Als Vorbild gilt die Jugendkammer, die dortigen Schöffen müssen pädagogische Erfahrung besitzen, etwa als Lehrer, Erzieherin, Streetworker. Warum also nicht das Prinzip der Zuordnung nach Fachwissen ausweiten? Dann würden künftig nur mehr Schöffen mit BWL-Studium über Wirtschaftsstraftaten urteilen. Leuchtet ein. Und würde doch Probleme mit sich bringen: In einer meiner Verhandlungen als Schöffe, es ging um sexuelle Belästigung, stellte sich heraus, dass mein Mitschöffe als Psychologe beruflich mit solchen Fällen zu tun hat. Das änderte die Machtverhältnisse in unserem Richterzimmer völlig, der Schöffe erzählte von da an als Fachmann, der Richter hörte ihm beeindruckt zu und stellte Verständnisfragen. Einige Ausführungen des Verteidigers über die angeblich vorbildliche Therapie seines Mandanten konnte mein Schöffenkompagnon sofort entkräften. Die Abstände zwischen den einzelnen Sitzungen seien viel zu lang, sagte er etwa. Es war, als ob ein Sachverständiger neben mir auf der Richterbank Platz genommen hätte – nur war der Mitschöffe eben kein vereidigter Experte, auf dessen Aussage sich der Richter berufen durfte. Das machte die Sache kompliziert: Der Berufsrichter und ich mussten jetzt zwei entscheidende Aussagen ob ihrer Richtigkeit einschätzen: die des Angeklagten und die des zweiten Schöffen. Wir hatten ja keine Ahnung, wie versiert der Mann wirklich war. Ich verstehe daher Vertreter des Justizministeriums, die die Forderung problematisch finden, Schöffen ihren Fachgebieten nach einzuteilen. Andererseits könnte ich als langjähriger Journalist eine Verhandlung im Medienrecht, etwa über eine Urheberrechtsverletzung, sicher besser mitverfolgen als ein Zahnarzt.

Das größte Problem der Schöffen dürfte der Spagat zwischen Schöffenterminen und Arbeitsleben sein. Weniger am Amtsgericht, wo ich nur zweimal Verhandlungen hatte, die sich über mehr als einen Tag hinzogen. Ganz anders beim Landgericht: Die Schöffen im Verfahren gegen den Immobilienspekulanten Jürgen Schneider mussten über ein halbes Jahr und in 41 Sitzungen auf der Richterbank Platz nehmen. In einem Wirtschaftsprozess kamen die drei beteiligten Schöffen sogar auf 171 Sitzungstage. Ein solches Ehrenamt mit einem Beruf und einer Familie zu vereinbaren scheint mir unmöglich. «Laienrichter haben zunehmend mit Benachteiligungen am Arbeitsplatz zu kämpfen», meldete die Deutsche Presse-Agentur 2010. Es häuften sich die Fälle, in denen Schöffen in Thüringen, Sachsen und Sachsen-Anhalt über Schwierigkeiten mit ihrem Arbeitgeber klagten. Für die Schöffen des erwähnten Breivik-Verfahrens in Norwegen kam zu der zeitlichen Belastung noch die emotionale, etwa bei Zeugenaussagen von Überlebenden und Angehörigen des Massakers. Zudem lastete auf dem Gericht und somit auf ihnen die Erwartungshaltung eines ganzen Landes, das den Prozess aufs genaueste verfolgte.

Gerichtsreportage: Der Altenpfleger

«Die Bild-Zeitung ist da», raunt der Verteidiger dem Staatsanwalt zu. In der ersten Zuschauerreihe sitzen zwei Journalisten mit entschlossenem Blick und Schreibblöcken, ein Fotograf wartet vor dem Saal. Wenn die Boulevardpresse wittert, dass eine Verhandlung berichtenswert ist, wird es meist schmutzig. Dann muss die Anklage das Zeug zum Skandal haben, zum Stammtischaufreger, zur «Sauerei!». Und schön liest sich der Vorwurf an diesem Tag wirklich nicht: Misshandlung im Altenheim. Von «gefühlloser, gegen das Leiden der wehrlosen Geschädigten gleichgültiger Gesinnung» schreibt die Staatsanwaltschaft. Der Pfleger soll sich über den nackten Körper einer alten Frau lustig gemacht haben, andere Senioren angeschrien und ihnen Schmerzen zugefügt haben, wenn sie nicht schnell genug gegessen oder seine Anweisungen befolgt haben. «Gequält oder roh behandelt», lautet der Vorwurf. Wenn man die Anklageschrift liest, will man seine eigene Oma sofort wieder aus dem Altenheim holen. Man ist schockiert, aber leider auch nicht wirklich überrascht. Missstände in Altenheimen kommen immer wieder ans Licht, nun ist man einmal live dabei.

Wie sieht ein Mann aus, der wehrlose Alte quält? Eigentlich ganz freundlich. Nur etwas zu herausgeputzt, zu eitel, als würde er ins Theater gehen anstatt vor Gericht, wo er selber ins Rampenlicht muss. Andererseits: Wie soll man sich denn anziehen, wenn einem vorgeworfen wird, ein Monster zu sein? Welche Jacke, welcher Pullover sagt: «Hört mir doch erst mal zu, vielleicht war es doch ganz anders»? Als die Anklage in all ihren empörenden Details verlesen wird, sieht man Kopfschütteln im Zuschauerraum. Der Angeklagte wirkt eingeschnappt, beleidigt angesichts der Vorwürfe gegen ihn, er streicht seine gegelten Haare in Form, prüft sein Einstecktuch und die manikürten Fingernägel. Es hat etwas Provozierendes. Andererseits: Wie soll man korrekt schauen, wenn einem vorgeworfen wird, ein Sadist zu sein?

Später in der Verhandlung wird eine Mitarbeiterin des Altenheims als Zeugin einen zentralen Satz aussagen: «Altenpflege ist ein harter Job, man muss dafür gemacht sein.» Sie habe drei Kinder daheim, sei alleinerziehend, trotzdem verliere sie nicht die Nerven. Wie schwer der Beruf des Altenpflegers ist, erfährt man aus den Berichten der Zeugen: Wer ins Heim muss, ist selten noch die liebe Omi, sondern ein Pflegefall. Wie die Demenzkranken, die schreien, die kneifen, die sich einkoten, die alles vergessen, die wie Kleinkinder sind – nur eben nicht mehr süß. Dazu kommen

Zeitdruck, Unterbesetzung, der geringe Verdienst, die Spätschichten. Ist es normal, dass man das alles aushält und nett bleibt wie die Zeugin – oder ist es normal, dass man das alles nicht aushält wie der Angeklagte? Er sitzt alleine auf der Anklagebank, aber neben ihm könnten noch viel mehr Menschen Platz nehmen: die Heimbetreiber etwa, die Pflege von Menschen unter Effizienz- und Renditeaspekten betrachten und ihre Mitarbeiter überfordern. Oder unsere Leistungsgesellschaft, die die Großfamilie weitgehend abgeschafft hat und Alte als Störung empfindet, die man bequem ins Heim auslagert. Aber: Das macht natürlich die Tat nicht besser. Mehr als zehn Zeugen sind geladen, es gibt drei Lager: Zwei Pfleger schildern den beschuldigten Kollegen als übellaunigen, launischen Tyrannen. Ein Pfleger dagegen verteidigt den Angeklagten und beschreibt ihn als liebevoll und fürsorglich. Der größte Teil der Zeugen stimmt darin überein, dass der Angeklagte beides sein kann: nett und gemein. Zu den noch rüstigen, aktiven Heimbewohnern sei er freundlich – doch bei denen, die sich nicht mehr wehren können, werde er mitunter streng, ruppig, manchmal fast brutal. Harte Anschuldigungen, trotzdem grüßen die Zeugen den Angeklagten freundlich, wie gute Kollegen. Sie lächeln ihm aufmunternd zu, obwohl sie kurz danach aussagen, dass sie die großen Blutergüsse bei Frau W. auf seine grobe Art zurückführen. Zu lange wurde im Heim geschwiegen: Aus den Augenwinkeln haben sie seine Ausraster beobachtet, bei der Übergabe kam ihnen vieles merkwürdig vor, es gab Gerüchte. Aber gesagt haben sie nur: «Lass mich den K. doch waschen, mir macht das nichts», wie eine Kollegin anbot, nachdem der Angeklagte einen störrischen Alten gekniffen hatte. Es wird ein langer, schwieriger Verhandlungstag. Nach der vierten Zeugenaussage kann ich nicht mehr, so deprimierend sind die Schilderungen des Heimalltags. Ich möchte rausgehen dürfen, als eine Zeugin ihre Aussage wie folgt beginnt: «Wenn ich aus dem Zimmer gegangen bin, hat mich Frau H. hilfesuchend angesehen, als würde sie sagen wollen: ‹Lassen Sie mich mit ihm nicht alleine.›»

Keines der Opfer ist gekommen, einige sind inzwischen verstorben, andere können nicht mehr verständlich reden oder nicht mehr so weit laufen. Ein Polizist wird dafür in den Verhandlungssaal gerufen, der nach der Anzeige gegen den Angeklagten im Seniorenheim Bewohner und Angestellte befragt hat. Die Zeitarbeitsfirma, für die der Angeklagte arbeitet, bescheinigt ihm gute Arbeit, er wäre öfters namentlich angefordert worden von Pflegeheimen. Ist das alles vielleicht doch nur eine Verschwörung von Teilen des Personals, die den jungen, exaltierten Angeklagten nicht mögen? Die Aussagen der anderen Pfleger seien ihm glaubwürdig vorgekommen, sagt der Polizist: «Mir ist kein Belastungseifer aufgefallen.» Die Alten seien ihm ausgewichen, wie Frau H., eines der Opfer: «Die hat mir nur gesagt, dass alle Pfleger gut zu ihr seien.» Der Richter zeigt Fotos der vermuteten Misshandlungsfolgen: «Schläge gegen den eigenen Körper, wie sie im Alter manchmal vorkommen, können so große Blutergüsse nicht hervorrufen», sagt eine Altenpflegerin.

Wir, das Gericht, verurteilen den Angeklagten zu fünf Jahren Berufsverbot, weil mehrere Zeugen übereinstimmend von Übergriffen berichtet haben. Ins Gefängnis muss der Mann dagegen nicht, weil der heftigste Anklagepunkt, die Schläge gegen eine alte Frau, nicht beweisbar ist. Es bleibt bei zwei Jahren auf Bewährung. Die Bild-Zeitung verurteilt den Mann in der nächsten Ausgabe mit einem Foto, das so nachlässig unkenntlich gemacht ist, dass jeder bessere Bekannte den Mann erkennen kann.

KAPITEL 5

Der Gerichtssaal: Die Architektur
der Verurteilung

M ein Amtsgericht wurde im August 1977 eröffnet, ich bin im Juli 1977 geboren. Wir sind
nahezu gleich alt. Aber ich habe mich besser gehalten. Mein linkes Knie schmerzt ab und zu, sonst fühle
ich mich fit. Ich glaube, ich habe noch ein paar gute
Jahre, hoffentlich Jahrzehnte vor mir. Mein Amtsgericht dagegen liegt im Sterben. Die Münchner Pres-
se beschreibt das einst 100 Millionen D-Mark teure
Strafjustizzentrum, in dem mein Amtsgericht liegt,
als «abrissreif» und «verrottet». Im Jahr 2005 wurde
das Gebäude für 15 Millionen Euro saniert, bis man
während der Arbeiten bemerkte, dass die angedachte
Summe bei weitem nicht reicht. Im Sommer 2011 be-
schwerte sich ein Anwalt offiziell über die «Hygiene-
zustände im Strafjustizzentrum», den Toilettenräu-
men sieht man tatsächlich ihr Alter sehr genau an. Ich
könnte keinen Raum in diesem Gebäude nennen, weder Kantine noch Richterzimmer, noch Schöffenzim-
mer, in dem man sich gerne aufhält. Mein Beileid für
jeden Anwalt und Richter und Justizvollzugsbeamten,
der dieses Haus als Arbeitsplatz hat und dort täglich

viele Stunden verbringen muss. Schön war mein Amtsgericht nie, aber dafür kann es nichts, es ist ein Kind seiner Zeit: Im April 1977 war der Stammheim-Prozess gegen die Anführer der Roten-Armee-Fraktion (RAF) zu Ende gegangen. Unter den Eindrücken der Bombenanschläge der RAF wurde mein Amtsgericht an der Nymphenburger Straße in München wie ein Bunker gebaut. Die schmalen, langen Fenster im Erdgeschoss wirken wie Schießscharten, dazu liegt das ganze Gebäude einige Meter tiefer als die daneben verlaufende, stark befahrene Nymphenburger Straße. Ein Betonklotz, der es schafft, von innen noch deprimierender zu sein als von außen. Wenn Angeklagte von ihrem Stuhl durch die Fenster nach draußen blicken, sehen sie durch schmutzig gelbe Gardinen auf die Wände der Nachbargebäude. Die vorherrschenden Farben in meinem Amtsgericht sind die Farbirrtümer der 70er: Orange, Braun und Grün, stark ausgeblichen. In solchen Räumen lässt sich Justitia gerne die Augen verbinden.

Der Neubau entsteht gerade, einige Straßen weiter wird ein 234 Millionen Euro teures neues Strafjustizzentrum gebaut, das bis zum Jahr 2019 fertig wird. Doch wie soll ein zeitgemäßes Gericht eigentlich aussehen? Heller, moderner, auch: freundlicher und hoffnungsvoller, würde ich mir wünschen. Und bitte mehr Fenster zum Lüften nach stickigen Verhandlungen. Aber darf man sich in einem Gerichtssaal überhaupt wohlfühlen? Oder muss der Raum streng wirken, kalt, karg, sachlich, unnachgiebig? Zur Beantwortung zwei Reisetipps: Zu Deutschlands schönsten Gerichtsgebäuden gehören der 1895 erbaute Landgerichtssaal in Bremen, mit meterhohem Wappenlöwen und Ornamenten an den Wänden, die Sitzbänke und Stühle schmücken kunstvolle Holzschnitzerei. Dieser Saal verschafft sich Respekt, ohne mahnende Worte eines Gerichtsdieners dafür zu benötigen. Durch die Kraft der Geschichte. Mit seiner Lage beeindruckt das Amtsgericht auf der Insel Lindau im Bodensee. Hier führt die Schönheit der Natur jedem Angeklagten vor Augen, was er eingesperrt hinter den Betonwänden eines Gefängnisses verpasst. Wer in meinem Münchner Amtsgericht zum unmittelbaren Strafantritt verurteilt wird, wird in Handschellen über fensterlose Gänge in den Keller geführt und von dort in einem Transporter weggefahren, oft zur Justizvollzugsanstalt Stadelheim, in eine der hässlicheren Ecken des Stadtteils Giesing. Es gibt aber auch in München ein sehr beeindruckendes, schönes Gerichtsgebäude: den Justizpalast von 1897, erbaut im Stil des Neobarock, samt seiner 66 Meter hohen Glaskuppel. Dort geschah eines der größten Unrechte der Münchner Justizgeschichte, hier wurden die Geschwister Scholl 1943 wegen ihres Widerstands gegen Adolf Hitler zum Tode verurteilt, den Schauprozess leitete der extra aus Berlin eingeflogene NS-Scharfrichter Roland Freisler. Im Saal 253 ist heute eine Dauerausstellung zu Ehren der Scholls und der anderen Mitglieder der Weißen Rose zu sehen. Den Justizpalast, in dem ich viel lieber Schöffe gewesen wäre als in meinem Betonklotz, teilen sich heute das Bayerische Justizministerium und die Zivilkammern des Landgerichts München I. Das Verfahren gegen Uli Hoeneß wurde hierher verlegt aus Platzgründen. So wie ein Fußballstadion erst durch große Endspiele oder unvergessene Partien zu einem sogenannten Fußballtempel, einem legendären Spielort werden kann, so bekommt auch ein Gerichtsgebäude durch große, landesweit beachtete Prozesse eine Aura. Mein Münchner Amtsgericht dürfte mit das meistgesehene Gericht Deutschlands sein durch die vielen Tagesschau-Berichte über Verhandlungen gegen Berühmtheiten wie Boris Becker, Bernie Ecclestone oder Beate Zschäpe. Darum sehe ich dem absehbaren Abriss als Münchner auch mit etwas Wehmut entgegen, der Klotz war hässlich, aber er gehörte zum Stadtbild.

Die Architektenpläne für den Neubau des Münchner Justizzentrums klingen wie aus einem Prospekt für ein Designhotel – sie versprechen «ein architektonisches Ausrufezeichen», grüne Innenhöfe, eine «Stadtloggia». Den Eingangsbereich des Entwurfs lobte die Jury bei der Vergabe als «hell und freundlich». Mal sehen, wie freundlich er tatsächlich wird. Wer mein bisheriges Amtsgericht betreten möchte, muss vor bewaffneten Justizbeamten durch einen Metalldetektor. Am 11. Januar 2012 wurde im Amtsgericht in der nahen Stadt Dachau ein Staatsanwalt von einem Angeklagten erschossen, den Richter verfehlte er knapp. Hier gab es keine Sicherheitsschleuse am Eingang. Hätte der Mann auch auf die Schöffen geschossen, wenn welche anwesend gewesen wären? Ich stellte die Frage einer befreundeten Anwältin, die den betroffenen Dachauer Richter kennt, sie antwortete: «Sei nicht so eine Memme!» Tatsächlich sind Angriffe auf Richter extrem selten. Dennoch bin ich froh, dass vor meinem Amtsgericht nur Vergehen bis zu einer Gefängnisstrafe von vier Jahren verhandelt werden. Im Oktober 2012 wurden Schöffen bei einem Landgerichtsprozess gegen ein führendes Mitglied der Rockerbande «Hells Angels» eingesetzt, ich vermute, dass es unangenehm oder einschüchternd ist, diesen bulligen, tätowierten, gewaltbereiten Typen auf der Richterbank gegenüberzusitzen. Ich habe größten Respekt vor Staatsanwälten und Richtern, die gegen das organisierte Verbrechen ermitteln. Die sich nicht einschüchtern lassen und das Risiko eventueller Racheakte eingehen im Namen des Rechtsstaates.

Vor meinem Amtsgericht steht seit einigen Monaten ein weißes Partyzelt. Darin ist niemandem zum Feiern zumute. Es dient als Schutz vor der Witterung für die Besucher und Journalisten, die anstehen für den nächsten Verhandlungstag gegen Beate Zschäpe. Der NSU-Prozess, der meistbeachtete Gerichtsprozess in Deutschland seit dem Ende des Stammheim-Prozesses 1977, findet in meinem Gerichtsgebäude statt. Beate Zschäpe ist der Mitgründung einer terroristischen

Vereinigung angeklagt, ihr wird die Mittäterschaft an zehn Morden vorgeworfen. Es ist ein historischer Prozess, ein Stück Zeitgeschichte, in das man jederzeit kostenlos Zutritt hat. Nach einer meiner letzten Verhandlungen Ende 2013 bin ich nicht wie sonst nach Hause gegangen, sondern auf die Besuchertribüne des NSU-Prozesses. Die Verhandlung lief bereits seit Monaten und an diesem Tag seit Stunden, die Aufregung der Anfangswochen war abgeflaut, ich fand problemlos einen Sitzplatz. Neben mir tippte eine Gruppe Jurastudenten in Laptops, offenbar eine Art Klassenausflug, eine Reihe unter mir schrieben an die zehn Journalisten mit. Der Blick von der Besuchertribüne nach unten war eingeschränkt, ich konnte lediglich einen Teil von Beate Zschäpes Hinterkopf erkennen. Und den Vorsitzenden Richter, Manfred Götzl, der mit wenig beherrschter Wut einen sich kaum mehr erinnernden Zeugen befragte. Ich habe es keine Stunde im Saal ausgehalten, die schlechte Luft, der unklare Stand der Verhandlung, der Ausreden stammelnde Zeuge – ich fühlte mich erleichtert, als ich ins Freie trat. Welche Verurteilung die vor Gericht schweigende Beate Zschäpe auch bekommt, die sich schon mehr als ein Jahr dahinschleppende Beweisaufnahme erscheint mir bereits als Beginn der Bestrafung.

Es war nicht der erste aufsehenerregende Prozess in meinem Amtsgericht. Im Jahr 2004 besuchte ich als Reporter einen Prozess gegen Boris Becker wegen Steuerhinterziehung. Zwei Bilder sind mir im Gedächtnis geblieben: der Moment, wo der Aufzug aus dem Erdgeschoss nahe des Verhandlungssaals ankam und sich eilig eine große Gruppe von Journalisten vor der Tür versammelte. Als sie aufging, stand darin ein erschrocken aussehender Mann, der in bestimmt 30 blitzende Fotoapparate und zehn laufende Fernsehkameras blickte. Der falsche Stock. Kurz darauf kam Boris Becker tatsächlich. Auch dieses Bild hat sich mir eingeprägt: wie Becker in dem wenige Quadratmeter messenden Bereich zwischen Anklagebank, Aussagestuhl und Richterbank nervös im Kreis lief. Jedes Mal, wenn er den Kopf hob, gingen Blitzlichtgewitter über ihn nieder, die Fernsehkameras liefen ohnehin die ganze Zeit, bis die Verhandlung eröffnet wurde. Becker wirkte wie ein Panther in einem viel zu kleinen Käfig, der den Zuschauern nicht entkommen kann. Als Angeklagter vor Gericht aufzutreten hat etwas von einem öffentlichen Striptease, bei dem Schicht um Schicht fällt, bis man sein Intimstes zeigt – Familiendramen und Kontostand oder psychische Verfassung. Der Zuschauerraum ist meist spärlich besucht, aber wer Pech hat, sieht sich Reportern oder ganzen Schulklassen auf Gerichtsausflug im Saal gegenüber. Das Zulassen der Öffentlichkeit gewährt zwar einerseits die Ordnungsmäßigkeit und Überprüfbarkeit der Rechtsprechung, andererseits ist es natürlich unangenehmer, dann das Scheitern des eigenen Lebens oder peinsame Fehltritte einzugestehen.

Im Gerichtssaal selber nehme ich als Schöffe am

Richtertisch Platz: links oder rechts von ihm, wir sitzen erhöht, verhandelt wird nicht auf Augenhöhe, sondern von oben herab. Das Wort Tribunal hat seinen Ursprung in der erhöhten Stellung des Tribuns, des Feldherrn gegenüber dem gewöhnlichen Volk. Nicht nur die Architektur zwingt den Angeklagten, dessen Schuld noch nicht bewiesen ist, gleich in eine unterlegene Rolle. Richter, Staatsanwalt und Anwälte verlesen die Anklageschrift in ihrer eigenen Sprache, Juristendeutsch, die sich so hinter Fachbegriffe und Abkürzungen zurückzieht, dass der Angeklagte kaum mehr folgen kann, dazu später mehr. Als Schöffe sitzt man zwar auf den besten Plätzen, aber wir bekommen keine Roben. Wobei ich froh darüber war, Roben stehen den wenigsten Männern. Ist das Schwarz der Sportschiedsrichter eigentlich angelehnt an das Schwarz der Richterroben? Die Gemeinsamkeiten sind unübersehbar, mit gelben Karten als Bewährungsstrafen und roten für den Platzverweis, der lange Sperren nach sich zieht.

Gerichtsreportage: Der gute Böse

Als der Angeklagte seine neue Adresse sagt, staune ich. Keine 500 Meter wohnt er von mir entfernt. Man ahnt nicht, welche Schicksalsschläge sich in seiner Straße abspielen. Der Mann ist angeklagt, weil er sich immer wieder Hotelzimmer gemietet hat, ohne sie zu bezahlen. Der Fall ist eindeutig und doch merkwürdig. Warum macht er das – auch nach einer ersten Verurteilung – immer und immer wieder, an die 20-mal? Vor uns tritt ein gebrochener Mann, der nicht zu böse ist, sondern zu gut, um im Leben zurechtzukommen.

Er hatte einst Frau, Kinder und einen gutbezahlten Beruf, doch dann beschließt er, seinen Eltern zuliebe den bereits überschuldeten Familienbetrieb zu übernehmen. Er lässt sich sogar noch überreden, einen Verwandten mehr als angemessen auszubezahlen. Der Angeklagte arbeitet hart, aber den Betrieb vermag er nicht zu retten. An der folgenden Insolvenz zerbricht die Ehe, Frau und Kinder ziehen aus. Der Mann bleibt zurück und muss bei seinen Eltern einziehen, er gibt sein letztes Geld dem kranken Vater, der sonst die private Krankenversicherung nicht weiter zahlen kann. So erzählt es der Verteidiger. So bestätigt es scheinbar der müde, traurige Blick des Angeklagten. Weil der Vater den Kindern die finanzielle Not nicht eingestehen will, mietet er für ein Treffen erstmals ein Hotelzimmer, das er sich nicht mehr leisten kann. Für einen Neuanfang fehlt ihm die Kraft, seinen gelernten Handwerkerberuf kann er nicht mehr ausüben, kaputte Bandscheiben erlauben das nicht. Und der Vater hatte ihm die Universität einst verboten. Übrigens haben die Ärzte einen Verdacht auf Hautkrebs, erzählt sein Anwalt, der seine Verteidigungsstrategie auf all diesen Schicksalsschlägen aufbaut.

Alkoholkonsum mindert die Schuldfähigkeit, aber gilt das für Schwermut nicht auch? Wie einsam muss man sein, abends alleine in einem Hotelzimmer, von dem man weiß, dass man es nie bezahlen wird? Der Angeklagte hätte sich mit Glanz und Gloria ins Verderben stürzen können, die teuersten Hotels der Stadt mieten, Vier Jahreszeiten, Mandarin Oriental, mit Pool und Sterneküche, eh schon egal. Stattdessen geht er in Hotels, die Landhotel heißen, Zum Ritter oder Meitelhof.

Müssen wir den Mann noch verurteilen, hat das Leben ihn nicht hart genug bestraft? Aber dann sagt der Staatsanwalt, dem das alles zu rührselig wird, einen richtigen Satz: «Der Angeklagte hat die eigenen Sorgen über die Probleme der Hotelbesitzer gestellt.» Wer weiß, wie knapp es am Ende des Monats etwa im Meitelhof ausgesehen hat, ob die paar hundert Euro, die der Angeklagte nicht gezahlt hat, schmerzhaft gefehlt haben. Und: Unser Angeklagter hat einen Ein-Euro-Job schroff abgelehnt, weil er sich immer noch als Geschäftsführer sieht, auch saß er bereits wegen nichtbezahlter Hotelrechnungen schon ein paar Tage in Haft, aber das hatte nicht die erhoffte Wirkung. Er machte einfach weiter. Das kann das Gericht mutwillig finden, böswillig, rücksichtslos. Ich erkenne vor allem einen Mann, der psychologische Hilfe braucht. Ist es die Aufgabe des Staates, gescheiterten Bürgern teure Therapiesitzungen zu zahlen? Oder würde das am Ende doch billiger kommen? In der Justizvollzugsanstalt gibt es Gesprächsgruppen, vielleicht hilft ihm das. Zeit genug hat er: dreieinhalb Jahre Haft. Es wird eine Wohnung frei, gleich bei mir ums Eck, auch das erfährt man vor Gericht.

KAPITEL 6

Not und Elend: Die Angeklagten

Meine Gerichtsprozesse beginnen meist um 9 Uhr in der Früh. Wer wie ich kleine Kinder hat, kann damit gut leben, 9 Uhr gilt unter Eltern fast als Ausschlafen. Die Angeklagten dagegen haben oft eine Nacht mit wenig oder keinem Schlaf hinter sich, hat mir der Diakon und Gefängnisseelsorger Otto Häußler erzählt, den ich auf einer Podiumsdiskussion zum Thema Resozialisierung im Strafvollzug kennengelernt habe. Der Prozesstag ist sehr belastend, das merke ich oft nach dem Urteilsspruch, wenn selbst harte Kerle feuchte Augen kriegen und der Druck ein Ventil braucht. Nicht nur die Ungewissheit vor dem Prozess, die Angst vor einem harten Urteil, ist belastend. Auch die Verhandlung selber ist eine Extremsituation: Da sitzt man als Angeklagter, bewacht von bewaffneten Beamten, der ganze Saal blickt einen an, dazu die Vorwürfe des Staatsanwalts. Man muss schon sehr abgebrüht sein, um das nicht an sich heranzulassen.

Oft saßen vor mir als Schöffe Angeklagte, die schlecht oder gar nicht Deutsch sprachen, wie muss der Prozess auf sie gewirkt haben? Zumal Deutsch im

Ausland nicht selten als besonders strenge, unfreundliche Sprache gilt. Ich habe den Angeklagten zu Prozessbeginn manchmal freundlich zugenickt, um ihnen zu bedeuten, dass das hier kein Tribunal ist, sondern eine Verhandlung. Der Grundsatz der Unschuldsvermutung gebietet das, finde ich. Wer einen Gerichtssaal betritt, ist noch nicht verurteilt, über seine Schuld ist erst zu verhandeln. Bis sie ausreichend bewiesen ist, sitzt da ein potenziell Unschuldiger, der das Recht hat, entsprechend behandelt zu werden.

Mitunter sitzen die formal noch unschuldigen, nur unter Verdacht stehenden Angeklagten schon seit Wochen oder Monaten im Gefängnis, in Untersuchungshaft. Ich war Schöffenrichter in einem Prozess gegen eine Diebesbande. Oder richtig formuliert: Noch waren es nur vier Männer aus Osteuropa, denen zur Last gelegt wurde, eine Diebesbande zu sein. Bei Prozessbeginn hatten sie bereits Monate in Untersuchungshaft verbracht, obwohl jeder von ihnen einen Beruf, Frau und Kinder besaß, die in der Heimat auf ihn warteten. Es sprach natürlich einiges für ihre Schuld, aber reicht das aus, die Männer für fünf Monate in einem fremden Land hinter Gitter zu sperren? Man muss sich nur kurz ausmalen, wie es wäre, selber fast ein halbes Jahr in Serbien, Rumänien oder Bulgarien in Untersuchungshaft zu sitzen. Wenn die Angeklagten deutsche Staatsbürger mit festem Wohnsitz gewesen wären, hätten sie die lange Zeit bis zur Verhandlung zu Hause verbracht, ihr Leben wäre nicht so radikal unterbrochen worden.

Weil die Justizvollzugsanstalt, in der Otto Häußler arbeitet, im Einzugsbereich des Münchner Flughafens liegt, hat der Gefängnisseelsorger viel Erfahrung mit Untersuchungshäftlingen aus anderen Ländern. «Da tut sich oft nichts über Wochen und Monate, bis die Zuständigkeiten geklärt sind, das macht mürbe.» Häußler erlebt, wie die Männer sich verändern: «Da wird sehr viel kaputt gemacht.» In Bayern wurden im Jahr 2009 130 Menschen entschädigt, weil sie unschuldig einsaßen, für 2011 gibt die Statistik 515 in ganz Deutschland fälschlich festgehaltene Personen an, im Schnitt für je 80 Tage. Ralf Eschelbach, Richter am Bundesgerichtshof, hat die Zahl der Fehlurteile in Deutschland auf ein Viertel geschätzt, berichtete das Nachrichtenmagazin Der Spiegel im Jahr 2012. Für eine Stunde unberechtigte Haft bekommt man 1,04 Euro, für einen Tag 25 Euro. 2013 bekam ein Berliner für 236 Tage in Untersuchungshaft 5900 Euro Entschädigung zugesprochen. «Ich habe nie erlebt, dass sich eine Gerichtsbarkeit ausreichend entschuldigt hätte in so einem Fall», sagt Häußler. Oft ist der Beruf verloren, die sozialen Beziehungen, auch bei Deutschen. Und ein Makel bleibt immer hängen, im Lebenslauf oder beim Nachbarn, selbst wenn der Richter die Unschuld bewiesen hat. Die Zeit ist nicht mehr gutzumachen. Natürlich muss man in gewissen Fällen sofort verhaften, weil abzusehen ist, dass der Täter nie vor Gericht erscheinen wird. Immerhin 10601 Männer und 670 Frauen saßen 2013 in Untersuchungshaft in Deutschland.

Habe ich als Schöffe Menschen unberechtigt ins Gefängnis gebracht? Ich hoffe, nicht. Und ich glaube das ehrlich gesagt auch nicht. Denn die Prozesse, in denen es um eine Gefängnisstrafe ging, endeten fast immer mit einem Angebot des Verteidigers, der für eine mildere Strafe ein Geständnis des Angeklagten in Aussicht stellte. Verhandlungen, bei denen der Angeklagte bis zum Ende seine Unschuld beteuert, kamen bei mir selten vor. Überhaupt habe ich in fünf Jahren als Schöffe nicht einen Angeklagten erlebt, der von sich aus das Wort ergriff, der selbstbewusst aufgetreten wäre, aggressiv oder empört. Der sich verteidigt hätte, oder energisch widersprochen, wenn ein Staatsanwalt ihn seiner angeblichen Missetaten bezichtigte. Nicht mal dann, wenn der Staatsanwalt in seinem Plädoyer deutlich mehr Haftzeit forderte, als ihnen ihr Anwalt prognostiziert hatte. Kein Widerspruch, kein Zwischenruf. Auch nicht bei den später Freigesprochenen, die also Grund gehabt hätten, an sich zu glauben. Warum sind die Angeklagten so passiv? Und was sagt das über die Gerichtsverhandlung, wenn sich kein Angeklagter einmischen mag? Weil sie glauben, dass es nichts bringen würde? Weil sie sich nicht trauen? Stattdessen: saßen die Angeklagten in sich gesunken, blass, klein auf ihrem Stuhl und blickten ins Nichts. Hin und wieder drehten sie sich zu den hinter ihnen sitzenden Anwälten, die ihnen etwas ins Ohr flüsterten oder ihnen etwas erklären mussten, in verständlicheren Sätzen als der Richter. Nur zwei Angeklagte während meiner Schöffenzeit konnten sich gut verkaufen: der Hotelbesitzer mit dem angeblich gefälschten Arbeitsvertrag und ein junger Ingenieur, bezichtigt der sexuellen Belästigung seiner Chefin, der sich erst beim anwesenden Opfer entschuldigte und dann stolz von seinen Therapiefortschritten erzählte.

In meinen Jahren als Schöffe war der typische Angeklagte: männlich, vorbestraft, arbeitslos oder geringfügig beschäftigt, verschuldet, mit niedrigem Schulabschluss, mit Drogen- oder Alkoholproblem, getrennt von der Mutter seiner Kinder. Nicht alle, aber der allergrößte Teil. Frauen erlebte ich nur als Opfer, Zeugin oder als Mitläuferin bei Straftaten ihrer Freunde vor Gericht. Zu einem Mehrfachtäter sagte mir der Richter einmal lakonisch: «Den treffe ich seit 20 Jahren vor Gericht, man altert mit seinen Angeklagten.» Den Richter beschäftigen vor allem die Tat und eventuell mindernde oder erschwerende Beweggründe im Tatmotiv, mich interessierte immer auch der Werdegang eines Angeklagten. Das Motiv für die Straftat – Drogensucht, Habgier, Frust, Dummheit – ließ sich meist erahnen, aber wie wird man überhaupt zum Kriminellen? Wieso fürchten manche Menschen nicht die statistisch sehr wahrscheinliche Festnahme? Und was hätte im Leben anders laufen müssen, um nicht auf die schiefe Bahn zu geraten? Was müsste künftig anders laufen, um sie davon wegzukriegen?

Das durchschnittliche Verbrechen vor meinem Amtsgericht war ganz anders als im Film: Es war nie glamourös, die Täter waren nie gewitzt, die Diebstähle verliefen nie abenteuerlich. Das Verbrechen, das wir verhandelten, war unbedacht, ungeschickt, verzweifelt. Vor mir standen keine Meisterdiebe, auch keine blutrünstigen Monster – sondern Männer, bei denen alles schiefläuft im Leben. Die am Ende einer langen Fehlerkette noch einem letzten großen Irrtum erliegen: dass ein Diebstahl oder ein Raub ihre Probleme löst. Dies ist freilich nur eine Beobachtung, keine Erklärung oder gar Entschuldigung der Tat und erst recht kein Trost für die Opfer.

Zu Anfang der Verhandlung befragen die Richter jeden Angeklagten zu seinen Lebensumständen. Das ist der Moment, in dem man am meisten über sie und ihre Tat erfährt. Die vier Moldawier zum Beispiel, die erwähnte Diebesbande, hatte uns Richtern erklärt, dass man in ihrer Heimat keine Jobs finden könne. Durch die Wirtschaftskrise blieben die Aufträge aus, sie hätten alle in einem Zimmer gehaust, daheim warteten die Familien auf Geld. Wären sie in das Flugzeug nach München gestiegen, wenn es in ihrer Heimat ehrliche Arbeit gegeben hätte? Das kann der bestohlenen Rentnerin nicht den Schock des erlebten Diebstahls nehmen oder die Unsicherheit bei künftigen U-Bahn-Fahrten. Aber vielleicht würde es der alten Dame und den anderen Bestohlenen helfen, zu wissen, dass die Männer vermutlich aus Not heraus gehandelt haben, nicht aus Bosheit.

«Ich verurteile jede Tat, aber bei manchen Hintergründen, die mir im Seelsorgegespräch anvertraut werden, denkt man: Was hätte ich gemacht, um aus der Situation herauszukommen?», sagte mir der Gefängnisseelsorger Otto Häußler bei einem langen Telefonat. Und dann erzählte er mir von einem der Häftlinge, der sich ihm anvertraut hat: ein Deutscher, Mitte 50, der früher Bauingenieur war und 6000 Euro im Monat verdient hat. Dann wurde seine Frau schwer krebskrank. Er hatte eine Tochter, ein Häuschen, aber er ist mit dem Schicksalsschlag nicht klargekommen und hat sich zurückgezogen, bis eines Tages ein vermeintlicher Freund kam, der ihn mitgenommen hat in eine Spielhalle. Im Jahr darauf hatte er 300 000 Euro verzockt, die Frau hatte ihn verlassen, das Verhältnis zur Tochter war gestört, er verlor seinen Arbeitsplatz, landete über mehrere Jahre in der Obdachlosigkeit und wurde schließlich wegen eines kleinen Delikts kriminell.

In einer anderen Verhandlung begegne ich C., einem vorbestraften Kleindealer Anfang 20, erwischt beim Kiffen mit zwei minderjährigen Mädchen. C. erzählt, dass seine Mutter die Familie verlassen hat, als er fünf Jahre alt war. Ich habe eine Tochter, die fünf ist, die jedes Mal weint, wenn ihre Mutter nur für zwei Tage beruflich weg ist. Ich weiß nicht, wie die Familienverhältnisse bei C. waren, ich weiß aber, dass für ein fünfjähriges Kind, das von seiner Mutter verlassen wird, die Welt zerbricht. Ich sehe vor mir C. als kleinen Jungen, der zusehen muss, wie seine Mutter zur Tür hinausgeht und ihm sagt, dass sie nicht mehr wiederkommt. Vielleicht bin ich zu rührselig für das Schöffenamt, aber ich bekomme mit jedem Fall, mit jeder gescheiterten Existenz, die wir verurteilen müssen, das Gefühl, dass hier die, die Glück im Leben hatten – gute Eltern, eine gute Ausbildung –, die bestrafen, die Pech hatten. Ich kenne nicht die Lebensgeschichten der Richter und Mitschöffen, man sagt meist nur kurz: «Hallo», aber sie alle wirken gefestigt, gut ausgebildet, zufrieden. Vor dem Amtsgericht treffen sich Mittel- und Unterschicht, aber sie sitzen fast nie in der gleichen Sitzreihe.

Ändert das etwas? Einerseits nicht, weil es für ein Opfer vermutlich keine Rolle spielt, ob der U-Bahn-Schläger, der es bewusstlos schlug, einen gewalttätigen Vater hatte. Das lindert nicht die Schmerzen. Und es ist keine Entschuldigung, selber zuzuschlagen. Andererseits: Ist nicht genau diese Kindheit die Erklärung einer Straftat, die Wurzel, die kein Urteil je erreicht? Wir verurteilen die Tat, aber wir erreichen nicht deren Auslöser. Wenn C. keine Ausbildung erhalten hat und kein geregeltes Leben kennt, weil ihm das niemand vorgelebt hat, dann können wir ihn fünfmal oder zehnmal oder hundertmal wegen Kiffen verurteilen. Aber vielleicht würde es helfen, wenn er mit einem Therapeuten lange über seine Kindheit reden würde, wenn er seine Mutter wiedersehen könnte. Ich begebe mich jetzt tief hinein in die Küchenpsychologie, aber in wirklich vielen Fällen würde ich die Angeklagten lieber zu einer Selbsthilfegruppe und einem neuen Freundeskreis verurteilen statt zur Haft – oder statt der Angeklagten ihre Eltern dafür bestrafen, dass ihnen das Leben ihrer Kinder so egal war. Ich habe keine Ahnung, ob meine Tochter mal Drogen nimmt, sie falsche Freunde hat oder aus anderen Gründen ein schlechter Mensch wird. Und ich weiß, dass es gute Eltern gibt, denen die Kinder trotzdem entgleiten. Aber ich werde ihr von dem, was ich als Schöffe erlebt habe, erzählen.

Damit nicht der Eindruck entsteht, dass mich nur das Leben der Angeklagten interessiert. Ich habe vor einigen Jahren für die Reportageseite der Badischen Zeitung über eine alte Frau geschrieben, die brutal überfallen wurde. Der Täter hat ihr in der Abenddämmerung die Tasche entreißen wollen, die Frau hat sie nicht losgelassen. Erst als er wieder und wieder in sie hineingetreten hat, konnte er die Tasche mit einem lächerlich kleinen Eurobetrag darin erbeuten. Ich war mit der Frau zu einem Gespräch verabredet, vereinbart mit Hilfe der Opferschutzbetreuung des Weißen Rings. Ich habe geklingelt und Bewegung hinter der Gardine gesehen, aber die Frau hat sich nicht getraut, mir die Tür aufzumachen. Später erzählt sie mir am Telefon, dass sie ihre Wohnung nicht mehr verlässt. Sie sitzt hinter zugezogenen Gardinen, hinter einer Tür mit neuem Sicherheitsschloss und blickt verängstigt auf die ihr unheimlich gewordene Welt. «Ich wusste gar nicht, wie böse die Menschen da draußen sind» ist einer der Sätze, die sie mir gesagt hat. Es kostet sie große Überwindung, den Müll alleine rauszubringen, sie stürzt in den Hauseingang, wenn ein junger Mann kommt, der dem Täter auch nur entfernt ähnlich sieht. Die alte Dame denkt, dass der Täter wiederkommen wird, dass er sie sucht. Das ist natürlich Quatsch, warum sollte er? Aber darum geht es nicht. Ein Überfall, eine Tracht Prügel, eine versuchte Vergewaltigung reichen aus, um einem Menschen das Gefühl der Sicherheit für immer zu nehmen. Dann ist er genauso eingesperrt wie der Täter, nur darf der wieder raus in die Freiheit.

Diakon Otto Häußler hat mir noch einen versöhnlichen Satz gesagt, mit dem ich dieses Kapitel beenden möchte: Sorge um die Zukunft sei nicht das einzige Gefühl, mit dem diese Angeklagten vor uns treten. Erleichterung sei auch dabei. «Weil es endlich eine Entscheidung gibt.» Häußler begleitet Gefangene in die Prozesse, wenn sie es wünschen, eine Sache rührt ihn dabei immer wieder: «Egal, ob eine hohe Strafe sicher ist, die Angeklagten haben immer ein Quäntchen Hoffnung, doch etwas weniger zu bekommen, als zu befürchten ist.» Und auch Haftstrafen können eine Erleichterung sein: «Dann kann man auf die Entlassung hinleben, es gibt ein Ende, einen Termin für das Leben danach.»

Gerichtsreportage: Endspiel

Es gibt Münchner, die sagen, den 19. Mai 2012 habe es nie gegeben. Am 18. Mai sind sie abends ins Bett gegangen, und als sie aufgewacht sind am nächsten Morgen, war der 20. Mai. Und dazwischen war nix. Und falls da vielleicht doch noch ein Tag dazwischen war, dann können sie sich nicht mehr daran erinnern. Denn am 19. Mai 2012 hat der FC Bayern das Finale der Champions League im eigenen Stadion gegen den FC Chelsea verloren. Einen Abend hat die Stadt geweint, zwei Tage gejammert, dann noch ein paar Tage geschmollt, dann wurde der 19. aus den Kalendern geschnitten, und gut war's. Nur in Stadelheim, im Untersuchungsgefängnis, saßen vier Männer, für die der 19. Mai nie aufgehört hat, für die er fünf lange Monate gedauert hat, bis zu diesem Vormittag ihrer Verhandlung. Die Männer sind Moldawier, die in Athen gelebt haben und zum Endspiel nach München gereist sind. Einfache Fußballfans, wie sie sagen, keine Diebe, wie man ihnen unterstellt, sie hätten doch sogar Eintrittskarten bei sich gehabt. Stimmt, laut Asservatenkammer vier Tickets, dazu 800 Euro und 70 britische Pfund in

Bargeld. «Die hohen Bargeldbeträge sind kennzeichnend für Taschendiebe», sagt der Staatsanwalt. Bei der Feststellung der Personalien geben die Männer bis auf einen an, dass sie Familie haben, Frauen und Kinder. Sie haben in Griechenland als Handwerker gearbeitet, weil es in Moldawien keine Jobs gab. «Wie bitter muss das Leben in Moldawien sein, dass einem Athen mitten in der tiefsten Eurokrise als Verbesserung vorkommt?», fragt ein Prozessteilnehmer später. Seit fünf Monaten haben die Angeklagten ihre Kinder nicht mehr gesehen, fünf Monate konnten sie kein Geld in die Heimat schicken. Die Anklage stützt sich auf die Aussage eines auf Taschendiebstahl spezialisierten Polizisten, der im Saal sitzt und ein Überwachungsvideo mitgebracht hat. Der erste und zweite Versuch, das Video auf dem Fernseher abzuspielen, scheitert, gemeinsam rätseln Polizist, Richter, ein Schöffe und der Verteidiger, wie man das Scart-Kabel richtig am Bildschirm anschließen muss. Dann – «Ahhh! Jetzt! Na also!» – erscheint ein unscharfes Überwachungsvideo. Man sieht die vermeintlichen Täter am Bahnsteig einer stark befahrenen Haltestelle. «Klassisches Täterverhalten», beschreibt der Experte, «erst wird ein leichtes Opfer identifiziert am Bahnsteig, dann rasches Zusteigen der Gruppe an zwei Türen desselben Abteils.» Verteidiger, Schöffen, Richter, Staatsanwalt und die vier Angeklagten stehen um den Röhrenfernseher. Die vier Moldawier stehen etwas weiter hinten, blicken kopfschüttelnd das grobpixelige Video an, einer von ihnen macht eine Geste, die man übersetzen würde mit: «Was soll man da denn bitte sehen?» Ihr Anwalt spricht aus, was die vier denken: «Entschuldigung, ich erkenne da keine Tat, nur ein volles U-Bahn-Abteil.» Tatsächlich überfordert einen als Laie beim ersten Ansehen das Gewimmel im Zug. Doch der Polizist der Taschendiebstahlbekämpfungsabteilung spult zum entscheidenden Moment zurück und versucht mit vielen Standbildern aufzuzeigen, was ihm als Fachmann eindeutig erscheint. «Da, sehen Sie? Das Opfer wird umzingelt, Körperkontakt wird hergestellt, und schon ist es passiert.» Es ist, als würde einem der FC-Bayern-Trainer die lange einstudierten Spielzüge seiner Mannschaft erklären. Seine Beschreibungen klingen schlüssig, und doch erkenne ich nicht den Griff in die Jackentasche. Belastender als das Video sind die Umstände der Reise: Wieso gehen vier Tagelöhner zu einem der teuersten Sportereignisse der Welt? Wie leisten sie sich den Flug, woher haben sie die vier Tickets und vor allem: Warum ist ihr Rückflug für einen Zeitpunkt gebucht, an dem das Spiel gerade erst in die Verlängerung geht? Und warum haben sie britische Pfund bei sich, als sie der Zivilpolizist im U-Bahn-Abteil festnimmt und die vier zur Polizeistation bringt, ohne dass sie Gegenwehr leisten? Insgesamt gebe es acht Geschädigte, berichtet der Polizist, darunter englische und bayerische Fußballfans, aber auch ein Rentner, der ihnen unterwegs in die Arme lief. Ein leichtes Opfer, das mit einem

Klassiker des Taschendiebstahls überrumpelt wurde: dem Kartentrick. Einer der Diebe faltet eine sperrige Stadtkarte auf, fragt den Senior dann freundlich, wie er zu einem weit entfernten Bahnhof kommt – und während das Opfer in gebrochenem Englisch «Erst left, then you geh right to the Hackerbrücke» erklärt, räumt ein Kollege unter der Karte die Taschen des Opfers leer. Gemein ist daran nicht nur, dass dem alten Mann danach die benötigten 150 Euro bis zum Monatsende fehlen. Schlimmer ist das Misstrauen, das gerade Rentner nach einem Überfall nie mehr ablegen können. Das Vertrauen in die Gesellschaft ist weg, jeder Tourist wird zum potenziellen Dieb, jede harmlose Frage zum Trickbetrug. Zwei Jahre Gefängnis fordert der Staatsanwalt, der Verteidiger dagegen Freispruch, das Beweisvideo sei zu wenig aussagekräftig. Wir Richter entscheiden auf schuldig, finden ein Jahr aber ausreichend, die Untersuchungshaft wird angerechnet. Der 19. Mai, der ihnen erst zum Verhängnis wurde, ist nun ein Lichtblick, der Tag, an dem sie entlassen werden. Kurz nach ihrer Freilassung gewinnt der FC Bayern gegen Borussia Dortmund in London das Endspiel der Champions League.

KAPITEL 7

Böser Mann, gute Frau: Vorverurteilungen

Justitia, die als Statue oft vor Gerichtsgebäuden steht, wird mit einem Richtschwert in der rechten Hand und einer Waage in der linken Hand dargestellt, ihre Augen sind verbunden. Sie soll sich in ihrem Urteil nicht von Äußerlichkeiten leiten lassen. Im Schöffen-Leitfaden steht: «Schöffen dürfen sich bei der Ausübung ihres Amtes nicht von Regungen der Zuneigung oder der Abneigung gegenüber den Angeklagten beeinflussen lassen.» Stimmt natürlich, ich wüsste nur nicht, wie das gehen soll.

Jeder Mensch beurteilt sein Gegenüber, unterbewusst, ob er will oder nicht. Manche Wissenschaftler sagen, dafür genügen Millisekunden, andere sprechen von 60 oder 90 Sekunden, aber alle sind sich sicher: In kürzester Zeit haben wir uns ein Urteil gebildet, das nur schwer zu revidieren ist. Auf den ersten Blick entscheiden wir, wie sympathisch und vertrauenswürdig wir einen fremden Menschen finden. Ein kurzer Blick auf seine Gestik und Mimik, die Köperhaltung, Kleidung und Stimme genügen uns für ein erstes Urteil über dessen Intelligenz, Herkunft, Gefühlszustand,

Charakter. Unterbewusst getroffene Urteile, die nicht nur ein Problem sein können, wenn mir jemand instinktiv unsympathisch ist, sondern auch, wenn er mir spontan sympathisch ist. Beides ist ungerecht. Nur weil ein Zeuge gut aussieht, jung ist, zu meinem Kulturkreis gehört, sich gut ausdrücken kann oder zufällig ein T-Shirt meiner Lieblingsband trägt – alles Dinge, die uns wissenschaftlichen Studien zufolge für jemanden einnehmen –, hat er oder sie keine höhere Glaubwürdigkeit. In Großbritannien dürfen bei Bewerbungsschreiben für Arbeitsplätze grundsätzlich keine Passfotos beigelegt sein – wie in Deutschland üblich –, weil man dort davon ausgeht, dass ein Foto ausreicht, um wegen guten oder schlechten Aussehens, des Körpergewichts oder Kleidungsstils bevorzugt oder benachteiligt zu werden. Das erinnert mich daran, dass mir ein sehr guter Freund, den ich bei einem Elternabend im Kindergarten kennengelernt habe, kürzlich sagte, dass er mich damals auf den ersten Blick von allen Anwesenden am unsympathischsten fand. «Warum das denn?», fragte ich ihn beinahe entsetzt. Er lachte: «War nur so ein Gefühl.» Er hat einige Wochen gebraucht, um sein Urteil über mich zu revidieren. Im Gerichtssaal jedoch sieht man sich oft nur zwei Stunden, danach wird schon ein Urteil gefällt, das den Rest des Lebens Folgen haben kann. Der Berufsrichter hat es da leichter, er ist an das Gesetzbuch gebunden, kennt das vorgegebene Strafmaß, kann auf seine Berufserfahrung in vergleichbaren Prozessen zurückgreifen. Wir Schöffen haben nur unsere Lebenserfahrung – und unser Bauchgefühl.

Einen drogenabhängigen Dieb, der seine Freundin zu Einbrüchen überredet hat, beschreibe ich in meinen Notizen am Rande als «unsympathisches Mausgesicht», am Ende des Zettels aber auch als «ganz smart». Und welchen Einfluss hat die eigene Laune auf meine Urteile? Wenn ich mich morgens mit meiner Freundin gestritten habe oder in der Arbeit noch dringend etwas erledigen muss, sehne ich das Prozessende eher herbei. Gibt man sich an solchen Tagen vielleicht schneller mit dem Angebot des Verteidigers zufrieden? Hört man auch dem siebten Zeugen noch zu? Ich vermute, dass es Berufsrichtern bei aller Professionalität ähnlich gehen muss. Eine Studie der Ben-Gurion-Universität in Israel und der New Yorker Columbia University, die über tausend Gerichtsverhandlungen ausgewertet haben, zeigt, dass Richter kurz nach Essenspausen milder urteilen, als wenn sie hungrig sind. Der beste Verhandlungstermin für einen Angeklagten wäre also vermutlich der Freitag vor den Gerichtsferien, kurz nach dem Mittagessen.

Ich weiß, dass es falsch ist, aber wer sympathisch, seriös oder verletzlich wirkt, gewinnt bei mir beim ersten Eindruck. Doch ich kann meine Meinung ändern, wie im Fall des Altenpflegers, der Demenzkranke misshandelt haben soll. Als er den Gerichtssaal betrat, wirkte er angesichts der Vorwürfe gegen ihn unpassend gockelhaft und arrogant. Ich glaube heute, dass er diese offen gezeigte Überheblichkeit als Schutzschild benutzt hat – als letzten Verteidigungswall gegen einen Gerichtssaal, in dem jeder inklusive des Bild-Gerichtsreporters ihn zu hassen schien. Aber auch Angeklagte, die mir mit jeder Prozesssekunde unsympathischer werden, die sich danebenbenehmen und respektlos sind, haben das Recht, rein aufgrund der Beweislage verurteilt zu werden. Vielleicht sollte man in jedem Verhandlungssaal eine Justitia-Statue aufstellen lassen, man kann nicht oft genug an die verbundenen Augen der Justiz erinnert werden.

Denn oft entsteht schon morgens im Richterzimmer, wenn die Anklageschrift kurz zusammengefasst wird, ein inneres Bild, ein vermutetes Aussehen und Gehabe eines Angeklagten. Der Ehemann, der wegen Misshandlung seiner Ehefrau vorgeladen ist, ist mir unsympathisch, bevor ich ihn überhaupt gesehen habe – geschweige denn weiß, ob er schuldig ist. Den Vergewaltiger stellt man sich in der Körpersprache anders vor als den Insolvenzverschlepper, auch den Drogenabhängigen oder die überfallene Rentnerin hat man als Prototyp parat. Dann geht die Tür auf, und man blickt suchend durch den Raum: Wie hat sich der Angeklagte angezogen für diesen Tag – versucht er besonders seriös und gut gekleidet zu punkten oder demonstriert er dem Gericht durch Joggingjacke und zerrissene Jeans sein Desinteresse? Die meisten Angeklagten gehen den Mittelweg: eine Jacke oder ein Sakko für die Seriosität und darunter Alltagskleidung. Ein Blick ins Gesicht: Wirkt der Angeklagte nervös, bleich vor Angst? Ist er im Gegenteil empört ob der Verdächtigungen, die gegen ihn verlesen werden, oder von Beginn an zuversichtlich? Die Körpersprache ist eine stumme erste Aussage.

Ebenfalls interessant und in Verhandlungspausen oft ersichtlich: Wer begleitet den Angeklagten? Der Ehepartner, gleich die ganze Familie, oder kommt er alleine? Und wenn er alleine da ist, dann, weil niemand um seine Verurteilung fürchtet oder weil er niemanden mehr hat? In einem Prozess, es ging um ein Rauschgiftdelikt, saß neben der Familie ein Freund des Angeklagten, der – offensichtlich unter Drogeneinfluss – kaum aufrecht sitzen konnte. Der Angeklagte beteuerte derweil, den Drogen erfolgreich abgeschworen zu haben. War er sich nicht darüber klar, dass das Verhalten des Freundes seine Glaubwürdigkeit im Zweifel eher schwächen würde? Die Familie kann man sich nicht aussuchen, den Anwalt schon eher. Das Miteinander von Angeklagtem und Anwalt ist ebenfalls vielsagend. Wie verhält der Anwalt sich gegenüber dem Angeklagten: lehrmeisterhaft, weil der Angeklagte kein heller Kopf zu sein scheint, oder respektvoll, auf Augenhöhe? Wirken ihre geflüsterten Gespräche und kurzen Besprechungen vertraut, freundschaftlich, distanziert, feindselig? Überhaupt der Anwalt: Hat der Angeklagte einen Pflichtverteidiger an seiner Seite oder einen teuren Topanwalt?

Und sollte da nicht am Ende doch dasselbe Urteil stehen?

Zu Prozessbeginn fragt der Richter, ob der Angeklagte im Prozess aussagen möchte. Verweigert der Angeklagte die Aussage, lässt er nur den Anwalt für sich sprechen, was oft passiert. Warum möchte ein Angeklagter nichts sagen? Hat er Angst, sich verplappern zu können? Schüchtern wir ihn ein? Noch mal: Das darf kein Minuspunkt für den Angeklagten sein, es ist sein gutes Recht zu schweigen. Schweigt der Angeklagte, muss er doch kurz Stellung zu seinen Personalien nehmen – Alter, Familienstand, Wohnort, Heimatland –, und selbst ein genuscheltes «Ja» oder ein gebrochen deutsches «aus Rumänien» bringt einem den Angeklagten schon näher. Blickt er uns dabei an? Und wie: hilfesuchend, freundlich oder ablehnend?

Nach dem Urteil gehe ich als Schöffe oft direkt neben den Angeklagten den Flur entlang nach draußen. Meist ist es ein seltsames Gefühl, plötzlich seine Rolle abgelegt zu haben, herunterzusteigen vom erhöhten Richterpult und auf Augenhöhe und in Greifweite neben einem Verurteilten zu gehen. Wenn einem das unangenehm ist, spricht das für ein ungutes Urteil. Auf dem Flur und noch besser vor dem Gerichtsgebäude erkennt man die Schauspieler, die im Gerichtssaal ein herzerweichendes Häufchen Elend waren – und nach der Verhandlung im Freien spottend ins Handy sagen: «War nicht so schlimm, Alter: Bewährung!» Da wünscht man sich den Lügendetektor. Ich habe mich nach Verhandlungstagen gerne noch ein paar Minuten an den U-Bahn-Eingang gleich beim Amtsgericht gestellt und die Menschen beobachtet. Wie sie auf dem Weg zum Prozess mit einer schnell gerauchten Zigarette ihre Nerven zu beruhigen versuchen. Oder beim Heimweg dann die Kippe danach, mit genussvoll ausgeblasenen Rauchwolken. Auf dem rot gefliesten Vorhof des Gerichtsgebäudes geben sich die halbstarken Angeklagten noch männlich, siegessicher, unbeeindruckt. Da wird sich auf die Schulter gehauen, Witze über «die Bullen» gemacht, ich hab sogar mal Prahlen über die Tat mitgehört, von einem, der «das Opfer» mit «nur einem Schlag umgehauen» hat. Dann aber, auf dem Weg hinein, vorbei an den Wachbeamten mit ihren schwarzen Lederhandschuhen und Handschellen, rechts beim Pförtner hinter dem Panzerglas rum und durch lange Gänge bis zu den Gerichtssälen, wird der breitbeinige Gang schmaler, unsicherer, zögerlicher. Wenn die Eltern mitgekommen sind, legen sie dem Sohn, bevor er in den Saal geht, oft noch die Arme um die Schulter, drücken ihn, flüstern noch einen Satz in sein Ohr.

Immer wieder schwer: Man versucht, den Angeklagten, seine Tat zu verstehen. Schön, wenn die Fakten alleine ausreichen, wenn alle Zeugen übereinstimmend aussagen, wenn Sachverständige eindeutig urteilen, wenn Polizisten Überwachungsfilme vorführen oder Gesetze keine andere Wahl lassen. Aber wenn nicht?

Wenn da ein Zweifel übrig bleibt? Sich zwei glaubhafte Zeugen widersprechen? Dann schiebt Justitia die Augenbinde ein kleines Stückchen nach oben. Dann meldet es sich wieder, das Unterbewusstsein, flüstert einem zu, wie es den Angeklagten fand. Mit dem anderen Schöffen spekuliert man über die Tat, bespricht die Darbietungen vor Gericht. Der persönliche Eindruck ist auch für die Profis, Staatsanwalt und Berufsrichter, wichtig. «Ist seine Schilderung glaubhaft?», haben uns Richter immer wieder im Besprechungszimmer gefragt.

Es ist aber gar nicht so leicht, als Angeklagter glaubhaft vor Gericht zu wirken. Das habe ich gemerkt, als ich selber mal vor Gericht eine Aussage machen musste. Wie schon erwähnt als Teenager, nachdem ein Hausmeister seinen Hund auf mich gehetzt hatte. Ich wusste, ich war unschuldig, aber der sehr alte Richter vermutete, dass mein Skateboard eine Art Bedrohung für umstehende Menschen war, auf die der Hausmeister reagieren musste. Ich musste ihn überzeugen, dass ein Skateboard nicht gefährlich ist. «Was machen Sie denn mit so einem Skateboard überhaupt auf einem Parkplatz?», fragte der Richter. «Ich spring auf die Bordsteine rauf und wieder runter», erklärte ich möglichst einfach. «Stürzen Sie dabei?», fragte der Richter. «Nö», antwortete ich. Kurz darauf sagte ein Zeuge aus, dass mir mein Skateboard ab und zu davongesaust wäre. Der Richter nickte. Also doch eine Gefahr. Mir war aber klar: Ich fang das Skateboard immer nach wenigen Metern ein, wenn es wegrollt, ich fahre auch nie direkt neben Passanten. In sieben Jahren Skateboardfahren hatte ich niemals jemand außer mich selbst dabei verletzt. Aber mein «Nö» hatte mich wie einen Falschaussager dastehen lassen. Als Angeklagter nimmt man nur einmal auf dem Stuhl in der Mitte des Saals Platz und äußert sich zu seiner Tat. Aber vielleicht merkt man erst danach, dass man die Dinge nicht richtig dargestellt hat, dass man etwas vergessen hat, falsch verstanden.

Jeder Verteidiger kann Berufung einlegen, zwei Wochen sind dafür Zeit, niemand muss ein erstes Urteil akzeptieren, zum Glück.

Gerichtsreportage: Der Kiffer

Bestrafen ist eine ernste Angelegenheit. Trotzdem kann eine Verhandlung lustige Momente haben. Wenn die Aussagen der Angeklagten besonders phantasievoll oder allzu durchschaubar sind. Dann moderiert der Richter, der jede Ausrede der Welt schon gehört hat, den Prozess ähnlich launig wie Günther Jauch seine Quizshow, wenn der Kandidat die 100-Euro-Frage nicht kapiert. Ein Beispiel:

Richter: «Und dann sagte Ihre Freundin zu Ihnen: ‹Komm, lass uns unter der Woche nachts um halb elf Uhr mit zwei fremden Männern Marihuana rauchen gehen?›»

Schülerin: «Ja.»

Richter: «Und das fanden Sie eine gute Idee?»

Schülerin: «Nein.»

Richter: «Sie sind aber trotzdem mit.»

Schülerin: «Ja, klar.»

Richter: «Ich verstehe das nicht.»

Schülerin: «Ich auch nicht.»

Richter: «Gut, erzählen Sie mal weiter, was passierte, nachdem die jungen Männer Ihnen im McDonald's angeboten hatten, gemeinsam im Dunkeln Marihuana zu rauchen.»

Schülerin: «Dann sind wir rausgegangen, über die Straße, zu so einem Schloss.»

Richter: «Zu einem Schloss? Einem richtigen Schloss? Seit wann gibt es an der Giselastraße in München bitte ein Schloss?»

Schülerin: «Mir kam das Haus so groß vor, so … wie ein Schloss halt. Ich kann mich aber auch nicht mehr so gut erinnern, das ist alles ewig her!»

Richter: «Es ist Juni, erwischt wurden Sie im März, das sind drei Monate.»

Schülerin: «Das ist voll lang!»

Das Schloss, das nur ein Haus war, steht an einer der am häufigsten von der Polizei kontrollierten Straßen Münchens. In dieser Ecke Schwabings gibt es viele Bars und Restaurants, darum sehen dort oft Streifenwagen nach dem Rechten. Gleich nebenan liegt der Englische Garten, eine der größten Parkanlagen Europas, da hätte man unbemerkt kiffen können – aber die beiden Mädchen und die beiden jungen Männer hatten offenbar wenig Angst, entdeckt zu werden. Dabei hat Bayern die strengsten Drogengesetze von allen Bundesländern. Die vier rauchen, zwei Polizisten kommen zufällig vorbei, können aber nur die beiden Mädchen und einen der jungen Männer festnehmen, der andere hat sich schnell genug verdrückt.

Richter: «Erinnern Sie sich, wie der zweite junge Mann, der vor der Polizei weggelaufen ist, hieß?»

Schülerin: «Ich kann mir Namen nicht merken – aber dafür Zahlen voll gut!»

Der Angeklagte lacht kurz und sitzt gut gelaunt auf der Anklagebank, dabei gibt er sich immer noch alle Mühe, die beiden Mädchen im Saal zu beeindrucken, die ihn hin und wieder schüchtern anlächeln. Die Verhandlung wirkt wie eine romantische Teenagerkomödie im RTL-Nachmittagsprogramm. Im Zuschauerraum klingt zum zweiten Mal ein Handy. «Entschuldigung! Entschuldigung!», zischt eine ältere Zuhörerin und findet den Ausknopf nicht. Als Nächstes tritt ein Polizist auf, der wie eine Beamtenkarikatur spricht.

Polizist: «Mein Kollege hat auf dem Boden Pflanzenteile gesehen, die sich als Marihuana herausstellten. Ich habe dann das Dienstfahrzeug zum Transport vorbereitet, um die Angeklagten zur Dienststelle zu begleiten.»

Richter: «Ja, aber jetzt beschreiben Sie doch mal genauer, wie das abgelaufen ist!»

Polizist: «Ich hab den Fluchtweg gesichert, der Kollege hat die Tatverdächtigen vernommen.»

Richter: «Wirkten die beiden Mädchen auf Sie volljährig?»

Polizist: «Das kann man ja heute nicht mehr so leicht erkennen.»

Richter: «Waren die Mädchen zum Ausgehen angezogen?»

Polizist: «Kann sein.»

So richtig vorwärts geht es nicht, der Angeklagte ist an der Reihe, seine Aussage zu machen. Unbeeindruckt erzählt er, dass das Marihuana dem anderen Mann gehört hätte, den er quasi nicht kennen würde und zum ersten Mal seit zwei Jahren überhaupt gesehen und eher zufällig getroffen hätte. Ich möchte an dieser Stelle kurz vom Richtertisch aufstehen, zu dem jungen Mann gehen, ihm die Ohrwaschl langziehen und reinrufen: «Du Depp! Bist vorbestraft, und dann versuchst du zwei Schülerinnen zu beeindrucken mit deinem blöden Joint, den du Hornochse direkt vorm McDonald's drehst – unter einer Straßenlaterne.» Darf ich natürlich nicht. Aber das denken alle im Saal: Wie ungeschickt und unverfroren kann man denn sein?

Der Richter fragt ihn, was die Eltern denn dazu sagen würden, und der Angeklagte antwortet: «Meine Mutter ist daheim ausgezogen, als ich fünf Jahre alt war.» Der Richter, der eben noch etwas notiert hat, blickt den Angeklagten stumm an, ebenso die Zuhörer im Saal, der Staatsanwalt, wir Schöffen. Es ist der erste Moment, in dem der Angeklagte ernst wirkt und sein Kaugummikauen kurz stoppt. Vielleicht hilft Kiffen gegen diese Art von Schmerz. Aber dann soll er sich dabei bitte besser verstecken und nicht Minderjährige mit hineinziehen. Der Staatsanwalt plädiert am Ende für einen Freispruch, die sichergestellte Marihuanamenge war zu klein. Es wird nicht lange dauern, bis er wieder hier sitzt. Und wieder. Und wieder.

KAPITEL 8

Ben Matlock. Oder:
Gute und schlechte Verteidiger

Der erste Anwalt, der mich in meinem Leben beeindruckt hat, war Matlock, Hauptfigur der gleichnamigen US-Fernsehserie. Die erste Folge lief 1986 unter dem Titel «Tagebuch eines perfekten Mordes», die letzte 1995 unter dem Titel «Der Multi-Millionen-Dollar-Mord». Ich habe mit Matlock viele Vorabende verbracht, Anfang der 90er Jahre, da war ich etwa 15 Jahre alt. Die reißerischen Episodentitel – wie «Das Porno-Attentat» (im englischen Original übrigens nur «The Assassination – Das Attentat») erzeugen ein falsches Bild vom grauhaarigen Südstaaten-Anwalt Ben Matlock, einem renommierten, etwas arroganten Strafverteidiger in Atlanta, der immer weiße Anzüge trägt und stets Mordfälle übernimmt, in denen Unschuldige angeklagt sind. Für Leser, die Matlock nicht kennen, hier die etwas abstruse Inhaltsangabe zur Folge des Porno-Attentats: «Richter Eller wird beschuldigt, die Frau des Stadtrats ermordet zu haben. Sie war seine Geliebte. Auf der Suche nach Hintergründen für die Ermordung erfährt Matlock, dass die Freundin eines weiteren Opfers in Porno-Geschäfte verwickelt war. Als diese verschwindet und auch noch ein wichtiger Zeuge der Verteidigung erschossen wird, führt die Spur zum Polizeichef.» Mit Hilfe eines Privatdetektivs ermittelt Matlock den eigentlichen Mörder und klärt den Fall dann in einem spektakulären Finale im Gerichtssaal vor den Augen der Geschworenen. So macht er das in jeder Folge. In wilden Wortgefechten duelliert er sich mit dem Staatsanwalt, oft trifft der entscheidende Beweis erst in letzter Sekunde im Gerichtssaal ein, übergeben vom atemlosen Gehilfen – dann dreht sich Matlock mit triumphierender Geste zum wahren Täter im Saal um und ruft: «Sie! Waren! Es! Hier ist die Tatwaffe!» Als Jugendlicher fand ich das gut.

Matlock und die Anwälte an meinem Amtsgericht haben nur eine Sache gemeinsam: die braune Aktentasche. Aber ein guter Anwalt kann auch ohne fernsehreifes Plädoyer und Showdown den Unterschied ausmachen zwischen «noch Bewährungsstrafe» oder «schon Haftstrafe», zwischen zwei oder vier Jahren Bewährung.

Ein Gericht soll aufgrund von Fakten entscheiden, aber natürlich zählen Worte und die Art, wie sie gesprochen werden, eine fast ebenso große Rolle. Gute Verteidiger spielen mit ihren Mandanten wie ein Marionettenspieler mit seiner Puppe, sie ziehen unsichtbare Fäden, lassen den Angeklagten schweigen, wenn es besser ist, oder wie eine Bauchrednerpuppe mit ihren Worten sprechen. Wenn der Angeklagte selber aussagen will oder kann, üben sie gemeinsam die richtigen Antworten auf vorhersehbare Fragen und Einwände des Staatsanwaltes ein. Gute Anwälte haben Erklärungen und Entschuldigungen vorbereitet, die der Angeklagte vorträgt. Gute Anwälte machen vorher keine falschen Hoffnungen und stehen einem Angeklagten nach der Verurteilung bei, über das Ende des Gerichtsflures und des Rechnungseingangs hinaus.

Geschickte Verteidiger stellen dem Gericht glaubhaft dar, dass «strafmildernde Umstände» für ihren Mandanten vorliegen: etwa die sogenannte positive Sozialprognose – durch Heirat, ein Baby, einen neuen Arbeitgeber. Schlechte Anwälte, wie ich sie erlebt habe, betonen vor Gericht, dass ihr Mandant «ganz von sich aus» eine Therapie begonnen habe – und müssen dann kleinlaut einräumen, dass der Angeklagte genau einmal beim Therapeuten war, und zwar vorletzte Woche. In einer Verhandlung wegen Sozialhilfebetrugs zog der Anwalt des Angeklagten Parallelen zwischen seinem Mandanten und dem Ex-Postchef Klaus Zumwinkel: Beide hätten den Staat um Geld betrogen, Zumwinkel aber um eine vielfach höhere Summe, und dieser habe nur zwei Jahre zur Bewährung bekommen. Ein gutes Argument, der Angeklagte wird zum kleinen Mann von der Straße, der büßen soll, wo man die dicken Fische davonkommen lässt. Auch mein Mitschöffe nickte verständnisvoll, doch die Richterin blieb hart. Der Anwalt hatte uns Schöffen überzeugt, aber vor der Richterin gab er auf und akzeptierte das härtere Urteil – es steckte zu wenig Matlock in ihm.

Wenn Urteile überraschend hart ausfallen, war ich als Schöffe froh, wenn der Verteidiger die Enttäuschung des Angeklagten mit beruhigend geflüsterten Worten abgefangen hat. Das können heikle Momente sein, wenn der Angeklagte denkt, sein Anwalt habe versagt und nur Geld gekostet. Verteidiger ist kein leichter Beruf, ich glaube nicht, dass ich beispielsweise einen Vergewaltiger vor Gericht vertreten könnte, der mir seine Schuld im Vorgespräch andeutet oder gesteht. Auf keinen Fall wollte ich für ihn mit Tricks oder Winkeladvokaterei einen Freispruch herausholen. Eine Gewissensfrage: Natürlich hat jeder noch so Schuldige ein Recht auf anwaltliche Vertretung, aber ist es eigentlich rechtens, wenn der Anwalt damit einen Schuldigen auf freien Fuß bringt?

Während ich dieses Buch geschrieben habe, war ich für ein Wochenende in Istanbul und habe den Alten Basar, den Kapalı Çarşı besucht. Ein beeindruckendes Gebäude, über 500 Jahre alt, mit Hunderten Geschäften, durch die täglich unzählige Touristen streifen. Es gibt hier Händler, die, seit sie Kinder waren, jeden Tag nichts anderes machen, als um die Preise ihrer Waren zu feilschen. Ich habe ihnen zugesehen, und ich glaube, als Anwalt könnte man von diesen Männern lernen. Wenn ich das richtig verstanden habe, geht geschicktes Handeln so: Man beginnt mit einem überteuerten Preis – will man etwa 100 Euro haben, sagt man 200. Gerade so viel, dass der Käufer nicht sofort davonrennt. Wenn er bleibt, ein Gegengebot abgibt, hat man schon halb gewonnen. Nehmen wir an, der Kunde sagt: «Das ist höchstens 100 Euro wert!» Stimmt natürlich, eine realistische Einschätzung. Dann sagt man als Verkäufer: «190 Euro.» Auf keinen Fall sagt man «150 Euro», wer so tief runtergeht, verliert sein Gesicht, wirkt unglaubwürdig. Der Händler überlegt, schlägt «190 Euro» als Preis vor. – «Nein, das ist viel zu viel, 120, maximal», antwortet der Tourist. Schon hat der Verkäufer 20 Prozent Gewinn. Aber es hat ja gerade erst begonnen. Dann sagt der Händler: «Gut, mein Freund, 185 Euro, weil ich dich mag und du Ahnung hast.» Der erfahrene Händler geht aus diesem Gespräch vermutlich mit etwa 150 Euro raus, wenn er nett ist. Richter sind natürlich keine unerfahrenen Touristen, sie wissen viel genauer, was ein Strafmaß ist, als der Urlauber den Wert eines Teppichs kennt. Und doch musste ich im Richterzimmer, wenn um das Strafmaß gerungen wurde, manchmal an diesen Basar denken. Die geschickten Anwälte haben uns langsam auf ihre Seite gezogen, unmerklich, haben «Natürlich haben Sie recht» gesagt oder «Ich kann Ihnen nichts vormachen» – und dann haben sie Anekdoten erzählt, Vergleiche gezogen, Urteile zitiert. Haben «Wem ist denn mit einer Haftstrafe geholfen?» gefragt oder «Wir wissen doch, wie es in der Justizvollzugsanstalt in XY-Stadt zugeht!» gesagt. Und Versprechungen gemacht: «Ich kenne diesen Mandanten wirklich sehr gut, der macht mir nichts mehr vor.» Wie gut ein Anwalt verhandelt hat, merkt man oft erst bei der Urteilsverkündung, wenn man glaubt, ein strenges Urteil gefällt zu haben – und der Angeklagte sich zufrieden zum Verteidiger umdreht und sie sich fröhlich die Hand geben.

Es gab einen Anwalt, der mir besonders gut gefallen hat. Ich bereue, dass ich seinen Namen nicht notiert habe. Wenn ich je selber angeklagt sein sollte, dann bitte mit ihm an meiner Seite. Der Anwalt sah auf den ersten Blick etwas zerzaust aus – schulterlange, nach hinten gegelte Haare mit vielen weißen Strähnen, dazu ein älterer, brauner Cordanzug. Er kam zwei, drei Minuten zu spät. Also kein Vergleich zu den überpünktlichen Anwälten großer Kanzleien in ihren Maßanzügen. Dafür hatte mein Lieblingsanwalt eine tiefe, angenehme Stimme und die lange erprobte, richtige Tonlage: nicht zu aufgeregt, nicht wichtigtuerisch, sondern freundlich bestimmt. Es ging um Rauschgiftdelikte, sein Mandant hatte sich mit einer nicht mehr geringen Menge erwischen lassen – schon wieder. Beim Beratungsgespräch im Richterzimmer hörte mein Lieblingsanwalt erst mal nur wortlos zu, er ließ die andere Seite ihre Argumente ausbreiten. In dieser Zeit sah er sich alle Beteiligten genau an, auch mich, er scannte einen richtiggehend von oben bis unten und lächelte dabei nett. Während er schwieg, blätterte er im Gedächtnis alte Verfahren durch, suchte vergleichbare Fälle mit ähnlich tickenden Richtern oder

Staatsanwälten. Dann ergriff er das Wort und begann, den ganzen Fall von vorne zu erzählen, aus seiner Sicht. Er bestritt gar nicht das Drogenproblem seines Klienten, er erzählte uns dafür, wie dieser in den Jahren seit der letzten Verurteilung versucht habe, sein Leben auf die Reihe zu bekommen. Und wie schwer es einem die Gesellschaft dabei machen könne. Der rücksichtslose Vermieter, die spottenden Kollegen, die kaltherzige Bank. Dann ging er auf das Strafmaß ein, erklärte, wo er Spielräume sieht, wo nicht. Jedes Argument hatte er doppelt parat, erst für den noch recht jungen Richter und im Anschluss noch mal in anderen Worten für uns Schöffen, dann ohne Paragraphen, in Bauchgefühl-Sätzen. Am Ende ging er mit seinem Mandanten hart ins Gericht, erzählte uns, dass er selber von dem Mann, den er übrigens lange und gut kenne, enttäuscht sei – allen Schwierigkeiten zum Trotz. Aus einer im Raum stehenden geringen Haftstrafe wurde eine lange Bewährungsstrafe. Der Anwalt hat nicht versucht, ein Matlock zu sein, es gab keinen überraschenden Freispruch, er hat einfach nur 150 Euro für einen 100-Euro-Teppich herausgeholt.

Gerichtsreportage: Der Vater

Er kämpft. Er ringt. Um seine Fassung. Den Schuldspruch nimmt der Mann nur scheinbar ohne Regung
auf, aber sein Körper verrät, wie schlecht es ihm geht.
Dreieinhalb Jahre. Die kräftigen Hände, die in seinem
Schoß ruhen, zittern. Den erhöhten Herzschlag sieht
man durch den massigen Brustkorb hindurch. Das
Weiß seiner Augen färbt sich von den Rändern her rot,
ein Tropfen sammelt sich, fällt aber nicht. Die Ehefrau
legt ihre Hand auf seine. Ihre Kinder sind zu Hause,
sie sollten nichts erfahren. «Davor hat mein Mandant
panische Angst, ihnen einzugestehen, dass der Vater
kein Geld mehr hat», schildert der Verteidiger. Ab
jetzt wird es sich nicht mehr verheimlichen lassen, dass
die Familie von Sozialhilfe lebt, die Eltern nebenbei
schwarzgearbeitet haben und der Vater hinter Gitter
muss.

Für den Sozialhilfebetrug gibt es zwei Erklärungen:
Die erste stammt von der Richterin, die sich empört,
dass hier einer den Staat betrügt, der ihm die Miete,
Strom, Kleidung und das Essen zahlt. «Um sich dann
mit dem zuverdienten Geld ein teures Hobby zu leis-

ten», sagt sie erbost, «Betrug nicht aus der Not heraus, sondern für Luxusgüter!» Weil der Zeigefinger der Richterin erhoben ist, klimpert ihr Schmuck am Handgelenk, ein dickes Silberarmband stößt gegen die teure Uhr. Der Angeklagte hat unangemeldet gearbeitet und mit dem Geld Gokart-Stunden seiner Söhne finanziert. «Aber nur, weil er ihnen diesen letzten, kleinen Luxus im Leben erhalten wollte», wie der Verteidiger sagt. In seinen Worten sitzt hier keiner, der nicht genug kriegen kann, sondern ein Vater, der seinen Kindern nicht noch das letzte bisschen nehmen will. Der Anwalt erzählt von dem Leben der Eltern, die viele Jobs hatten, mal Gastronomie, dann einen Kiosk, später als Verkäufer. Eine Zeitlang lief es richtig gut. Aber: Einen Teil der Einnahmen schleusten sie an der Steuer vorbei, darum hat der Vater eine Bewährung offen. Das macht den Fall so schwierig, man versteht das Tatmotiv irgendwie, es erklärt manches, aber entschuldigt nicht alles. Da hat einer Pech gehabt und zugleich Mist gebaut. Als es schlecht lief, wollte er seine Söhne schonen; als es gut lief, hat er versucht, die Steuer zu bescheißen. Darum zieht der Verteidiger einen geschickten Vergleich zu anderen, prominenten Steuerhinterziehern, die ohne Haft davongekommen sind: «Ein großer Fisch wie der Post-Chef Zumwinkel bekommt nur Bewährung, aber die kleinen Fische wie mein Mandant müssen ins Gefängnis.»

Zumindest die Ehefrau muss nicht ins Gefängnis. Der Angeklagte nimmt alle Schuld auf sich, als er mürrisch sagt: «Meine Frau hat gemacht, was ich ihr angeschafft habe.» Das spricht für ihn, weil er sie schützen will, und gegen ihn, weil er nach einem herrischen Familienoberhaupt klingt. Die Machtverhältnisse werden sich jetzt ändern, die Mutter muss alleine die Kinder versorgen, während er in seiner Zelle sitzt. Zumindest der Abgang in Handschellen bleibt ihm erspart, es bleiben noch einige Wochen bis zum Haftantritt. Am schlimmsten wird aber dieser Abend, später, am Esstisch, wenn die Eltern den Kindern alles erklären müssen. Warum Papa lange ins Gefängnis muss und die Gokarts künftig zu teuer sind. Es ist eine dieser Verhandlungen, die für alle Seiten deprimierend endet: Der Rechtsfrieden mag hergestellt sein, aber niemand schickt gerne einen Familienvater in Haft. Wortlos packen Richter, Schöffen, Staatsanwalt, Gerichtshelfer und Anwälte ein. Der Mann sitzt noch immer.

KAPITEL 9

Streng vertraulich:
Das Richterzimmer

E s gibt in München sehr viele zwölfjährige Jungen, die Fußballprofi werden möchten. Sie verbringen jede freie Minute auf dem Sportplatz. Ich kenne aber nur einen zwölfjährigen Jungen, der Richter werden möchte. Der Junge saß auf der Zuschauerbank in einem meiner Prozesse. Morgens, wenn man das Gericht betritt, stehen vor dem Eingang oft Schulklassen, einmal, in einem anderen Fall, hatte ich eine Handvoll Schüler in einer Verhandlung, man sah ihnen an, wie sie ihr Handy vermissten in diesen eineinhalb Stunden. Doch dieser Junge war anders, er war freiwillig hier und blickte nicht müde aus dem Fenster oder auf den Boden, sondern verfolgte aufmerksam die Verhandlung. Als wir nach dem Prozess gemeinsam den Flur Richtung Kantine liefen, fragte ich ihn, wie er das Urteil fand. Ich wollte so erfahren, ob sein Vater vielleicht der Angeklagte war oder der Staatsanwalt. Der Junge antwortete: «Ich habe mit dem Strafmaß gerechnet, dieser Richter ist immer eher streng. Ich persönlich hätte eine kürzere Bewährungsstrafe besser gefunden.» Ich staunte, er sprach weiter: «Kennen

Sie den Staatsanwalt? Der war neu, oder? Das Gesicht war mir nicht vertraut.» Wir kamen ins Gespräch, der Junge erzählte, dass seine Mitschüler es seltsam fänden, dass er so gerne ins Gericht gehe, aber es sei sein liebstes Hobby. Dreimal die Woche schaffe er es, nach der Schule hierherzukommen. Er habe es inzwischen raus, auf den ausgehängten Anklageschriften die spannenden Fälle zu finden: Überfälle und Drogenhändler möge er, weniger interessant seien Nachbarschaftsstreitigkeiten und Steuerhinterziehung. Er sprach von Anklageschriften wie andere Jungs von neuen Nike-Fußballschuhen und kannte das Personal des Amtsgerichts wie Gleichaltrige die Aufstellung der Nationalmannschaft. Was für ein komischer, großartiger Junge, dachte ich. Die Nachwuchstrainer des FC Bayern schwärmen gerne, wie früh man bei Philipp Lahm schon das Talent zum Profi sah. Jetzt schwärme ich mal, über meine Amtsgericht-Entdeckung: Dieser Junge war zehnmal begabter zum Schöffen als ich – hochmotiviert, juristisch erstaunlich sattelfest, zumal für sein Alter, dazu klug in der Beobachtung und Einschätzung des Angeklagten. Gäbe es in der bayerischen Justiz wie beim FC Bayern eine Scoutingabteilung, müsste das Amtsgericht diesen Jungen sofort verpflichten. Er überlegt nämlich noch, ob er «Rettungssanitäter oder Richter» als Erwachsener werden möchte. Ich glaube, ich habe einen kommenden Bundesverfassungsrichter entdeckt.

Aber warum wird aus den anderen Jungs, die Fußballprofi oder Feuerwehrmann werden wollen, später eines Tages ein Richter? Was reizt an diesem Beruf, welcher Typ Mensch entscheidet sich dafür? Früher dachte ich, dass man allein schon deswegen Richter wird, weil der Beruf sehr gut bezahlt ist. Dann erzählte mir ein junger Richter, dass er viel weniger verdient als seine ehemaligen Kommilitonen, die mit ähnlich guten Abschlüssen zu renommierten Anwaltskanzleien gegangen sind. Tatsächlich liegt das niedrigste Einstiegsgehalt eines Richters bei unter 4000 Euro, selbst Richter am Bundesgerichtshof verdienen meist deutlich unter 10000 Euro. Der junge Richter erzählte mir, dass er den Beruf aus zwei Gründen gewählt hat: Erstens gefällt ihm die Verantwortung, die Herausforderung, das richtige Urteil zu finden. Zweitens möchte er bald Familie haben, und der Richterberuf garantiert eine lebenslange Anstellung sowie gute Altersbezüge, wie bei Beamten üblich.

Ich hoffe, dass viele gute Juristen wie er so denken und nicht lieber dem großen Geld der Topkanzleien folgen. Ein Rechtsstaat ist nur so gut wie die Richter, die in seinem Namen urteilen. Der Richter ist wie der Regisseur einer Verhandlung, zugleich Drehbuchschreiber, Kameramann und Tonassistent. Dröge Richter können Verhandlungen noch zäher machen und den Zuschauerraum vorzeitig leeren, die guten Richter bringen Spannung in scheinbar spannungsarme Fälle. Wichtiger als der Unterhaltungswert war mir bei Richtern immer, ob sie dem Angeklagten das Urteil so erklären können, dass der auch nach einer Verurteilung das Gefühl hat, fair behandelt worden zu sein. Neben der Bestrafung ist die Resozialisierung von Straftätern das entscheidende Ziel eines Urteils. Die Wiedereingliederung in die Gesellschaft beginnt für mich schon beim Urteilsspruch. Nur wenn der Täter seine Strafe antritt mit dem Gefühl, weiter erwünscht zu sein, wird er sich um die Gemeinschaft bemühen. Wenn ihm das Verfahren dagegen ungerecht vorkommt, wenn er das Gefühl hat, von denen da oben abgestraft zu werden, wird er weiter die Regeln der ihm feindlich erscheinenden Gesellschaft brechen wollen.

Der Richter muss in seiner abschließenden Erklärung zugleich streng und unnachgiebig wirken, um etwa eine nötige Drohkulisse für Bewährungsauflagen zu haben. Ein typischer Satz dieser Art ist: «Ich werde mir den Fortschritt Ihrer Therapie sehr genau ansehen.» Oder der beliebte Hinweis: «Sie melden jeden Wechsel des Wohnortes augenblicklich bei mir.» Der Richter soll aber auch verständnisvoll und mitfühlend sein. Er muss bei Haftstrafen sehr gut erklären, warum wir das Recht haben, das Leben des Täters so radikal zu unterbrechen. Wichtig ist es auch, ein Ende des Tunnels aufzuzeigen, klarzumachen, dass es sich lohnt, sich im Gefängnis Arbeitsangebot und Therapiegruppen zu suchen.

Ich kann über die Richter, denen ich begegnet bin, nur Gutes sagen. Bis auf zwei vielleicht. Es gab den einen, harmlosen Richter, der sich immer für alles viel zu viel Zeit nahm. Aber das ist nicht schlimm. Problematisch fand ich dagegen eine Richterin, die sich schon beim morgendlichen Kennenlernen im Richterzimmer echauffierte, was der Angeklagte für ein charakterloser Typ wäre. Eine Verurteilung schien bei ihr schon 5 Minuten vor dem Verhandlungsbeginn festzustehen. Später fand in diesem Hinterzimmer noch eine lebhafte Diskussion zwischen Verteidiger, Staatsanwalt, Schöffen und Richterin statt, aber am strengen Urteil änderte sich nichts.

Gerichtsverfahren können lang werden – und langweilig. Wenn zehn Zeugen geladen sind, die alle dasselbe sagen. Oder der Richter mehrseitige Gutachten Zeile für Zeile vorliest, bis die Stimme heiser klingt. Dann wird mein Notizblock zum Malblock, der letzte Zuschauer schleicht sich aus dem Saal, und die Justizvollzugsbeamten dösen ein. Und doch hat jeder Prozess einen unbedingt sehenswerten Höhepunkt – der findet nur nicht im Gerichtssaal statt, sondern eine Tür weiter, im Richterzimmer. Dorthin bittet der Richter zum «Rechtsgespräch»: ein karger Raum mit Tisch, an dem Schöffen, Staatsanwalt, Anwalt unter sich sind. Die Zuschauer und der Angeklagte draußen vor der Tür bekommen nichts mit, darum kann man hier Klartext reden und mit einem Scherz die Stimmung lockern. Was gesprochen wird, ist vertraulich. Darum darf ich in diesem Buch nicht jeden Satz schreiben, den ich gerne schreiben würde. Was im Richterzimmer besprochen wird, stellt den ganzen öffentlichen

Prozess bisweilen auf den Kopf. Ich habe erlebt, dass Verteidiger sagen: «Mal angenommen, mein Mandant würde sich in allen Anklagepunkten schuldig bekennen, was käme dabei für ihn raus?» – Richter: «Selbst dann sehe ich nicht, wie wir da nur auf eine Bewährung kommen.» – Anwalt: «Gut, dann bestreiten wir alles. Sie können das meiner Meinung nach ohnehin nie hieb- und stichfest nachweisen.» Er geht zurück zu seinem Mandanten in den Gerichtssaal, zurück bleiben drei erstaunte Richter und ein Staatsanwalt, die eben unter der Hand erfahren haben, dass der Angeklagte schuldig ist.

Absprachen im Hinterzimmer nennt man «Deals», das klingt verboten, anrüchig, unfair, aber solche Absprachen sind ganz offiziell erlaubt, solange sie im Protokoll vermerkt werden. Ohne Deals, ohne «verfahrensbeendende Absprachen», wie der Jurist sagt, würden manche Gerichtstage weit nach Mitternacht enden. Die Justiz braucht sie, um einfach mal auf den Punkt zu kommen. Bevor sieben Zeugen vier Stunden verhört werden, einigen sich Staatsanwalt und Verteidiger lieber frühzeitig auf eine absehbare Strafe. In guten Momenten liefern sich Anwalt und Staatsanwalt im Richterzimmer bei diesem sogenannten «Kuhhandel» spannende Rededuelle. Dann ist erlaubt, was im Gerichtsaal leider nicht üblich ist: Frotzeleien, hitziger Streit über die Dehnbarkeit von Paragraphen oder Strafmaß-Feilscherei wie auf dem Hinterhofflohmarkt. Wenn Verteidiger und Ankläger so lebendig im

Gerichtssaal diskutieren würden, wären die Zuschauerreihen besser gefüllt und die Urteile leichter nachzuvollziehen. Andererseits lässt nur die Vertraulichkeit des Richterzimmers es zu, dass ein Staatsanwalt anmerkt, dass eine Justizvollzugsanstalt, in die der Angeklagte muss, ein massives Drogenproblem hat. Oder dass einer Zeugin die geistige Reife für eine Aussage fehlt, weil sie leider als Kind einer alkoholkranken Mutter während der Schwangerschaft Schaden genommen hat. So hemdsärmelig es im Richterzimmer mitunter zugeht, weil die Robe tatsächlich gern mal zur Seite gelegt wird, so bleibt die Verhandlung unter vier Augen – genau genommen zehn Augen – doch immer ein Gespräch auf der Basis des Gesetzbuches. Es gelten die gleichen Maßstäbe und Prinzipien wie im Saal eine Tür weiter.

Es ist wie in der großen Politik: Im Plenarsaal vor den Kameras streiten sich die Fraktionen unversöhnlich, im Ausschuss setzt man sich in kleiner Runde zusammen und sucht pragmatisch eine Lösung. Dort wie hier im Richterzimmer gilt Verschwiegenheit, aber wenn ein Anwalt eines des sexuellen Übergriffs angeklagten Täters uns im Vertrauen sagt, «Gut, wir wissen ja, dass ein ‹Nein› nicht immer ‹Nein› bedeuten muss», dann wünscht man sich, dass jemand vergessen hätte, die Tür richtig zuzumachen zum Saal mit den Zeitungsreportern.

Gerichtsreportage: Der Akademiker

«Beruf?» – «Im Moment arbeitslos.»

«Ausbildung?» – «Die Lehre hab ich abgebrochen.»

«Verheiratet?» – «Geschieden.»

«Kinder?» – «Die leben bei der Mutter.»

«Schulden?» – «Ja.»

«Vorbestraft?» – «Ja, auch.»

So klingen die meisten Biographien vor Gericht, so deprimierend. Die Anklage ist für viele kein Tiefpunkt, sondern nur ein weiterer Tiefschlag im Leben. Umso überraschender, dass an diesem Tag ein kinderloser, nicht vorbestrafter, gut verdienender, gut ausgebildeter Mann vor uns Richtern steht. Er ist angeklagt wegen versuchter Vergewaltigung, das Opfer ist seine ehemalige Vorgesetzte. Was noch mehr überrascht, als sein einwandfreier Lebenslauf, ist die Tatsache, dass der Angeklagte seine Freundin und offenbar deren Eltern mitgebracht hat. Schweigend sitzen die drei in den Zuschauerreihen und werden mit jeder Einzelheit, die ans Licht kommt, bleicher. Zum Tathergang: Der Angeklagte hat seiner Chefin an den Po gefasst, woraufhin sie ihm kündigte. Am

Tag danach geht er abends ins Büro, im Wissen, dass er zu dieser Uhrzeit nur mehr sie antreffen wird. Er findet sie in einer engen Abstellkammer und verstellt ihr den Ausgang. Der Mann ist fachlich sehr gut, wie ihm alle bescheinigen, aber im Umgang mit anderen Menschen ist seine Wahrnehmung bedenklich. Er geht auf seine Chefin zu und fragt, was denn jetzt sei, mit ihnen als Paar. Trotz der Kündigung ist ihm nicht klar, ob sie nun eigentlich etwas von ihm will. Der Angeklagte erkennt im Beruf hochkomplexe Zusammenhänge, aber im Privatleben kann er Gefühle und das Verhalten anderer Menschen nur schwer oder falsch einschätzen. Als die Frau ihm sagt, er solle sofort das Haus verlassen, packt er zu. Der Angeklagte gibt über seinen Anwalt zu, dass er die Frau festgehalten, zu Boden gezogen, ihr den Mund zugehalten hat. Aber er widerspricht dem Anklagepunkt, dass er mit seinem Finger gewollt in ihre Vagina eingedrungen sei, das könne höchstens beim Fallen unabsichtlich passiert sein. Im Zuschauerraum sehen sich die Freundin und deren Eltern entsetzt an. Der Angeklagte dagegen sitzt ungerührt und scheinbar kein bisschen erschrocken auf der Anklagebank. Er lächelt freundlich. Der Angeklagte sagt später, dass es ihm «grundsätzlich leidtut», und spricht vom «größten Fehler meines Lebens». Er berichtet dann von den großen Fortschritten, die er in den bisher zehn Sitzungen seiner Therapie für Sexualstraftäter erzielt habe, die er übrigens freiwillig besuche. Das alles klingt, als wäre der Angeklagte nicht vor Gericht, sondern in der Firma, als würde er nicht aussagen, sondern eine PowerPoint-Präsentation mit Quartalszahlen halten. «Zehn Sitzungen sind keine erfolgreiche Kurztherapie, und die Abstände zwischen den Sitzungen sind viel zu groß», merkt der Mitschöffe an, als Psychologe zufällig vom Fach. Je mehr wir über den Angeklagten erfahren, desto größer scheinen dessen Probleme: Er war früher bereits einmal einen Monat in stationärer Behandlung, weil er dachte, dass andere Männer auf der Straße oder in der U-Bahn ihn sexuell belästigen. Er geht in Kampfsportkurse, um sich gegen Homosexuelle verteidigen zu können, er besitzt ein Gewehr und hat einen Waffenschein. Da der Angeklagte bereits einige Wochen in Untersuchungshaft saß und eine positive Sozialprognose hat – durch die neue Freundin und einen neuen Job –, belässt es das Gericht bei einer Bewährungsstrafe von knapp zwei Jahren sowie strengen Therapieauflagen. «Das ist gut behandelbar», sagt der Mitschöffe später auf dem Flur, «aber das geht nicht in Wochen, sondern nur in Jahren.» Ob die Beziehung des Angeklagten so lange hält, ist fraglich. Gemeinsam mit der jungen Frau und deren Eltern geht er hinaus auf die Straße. Sie hält jetzt nicht mehr wie vor der Verhandlung im Flur seine Hand.

KAPITEL 10

Paragraph 1314, Absatz 2, Punkt 1: Juristendeutsch

Wenn Hollywood-Regisseure einen Bösewicht brauchen, einen Fiesling, den niemand mag und den jeder auf den ersten Blick als solchen erkennt, dann nehmen sie: einen Deutschen. Und lassen ihn auf der Leinwand Deutsch reden. Der Schauspieler muss nur ein paar Wörter bellen – «Stehen bleiben!», «Halt!», «Angriff!» –, schon versteht der Zuschauer in London, Kalkutta oder Rio: mieser Typ. Deutschland ist der Kasernenhof der Welt, «Verbotenland», wie eine spanische Austauschstudentin zu mir einmal sagte, weil hier alles über die Maßen geregelt sei und so viel untersagt. Gesetzestreue, Uniformen, sperrige Sprache – in einem deutschen Amtsgericht müssen sich Ausländer wie im Kinofilm vorkommen, wie im Hauptquartier des Bösen.

In einer meiner Verhandlungen kam der Geschädigte aus London eingeflogen, er hatte Anzeige erstattet gegen einen Münchner Taxifahrer, der ihn, wie er fand, mit einem überlangen Fahrtweg betrügen wollte, im daraus entstehenden Streit beraubt und grob aus dem Auto gestoßen habe. Am Ende einer langen

Nacht mit zu viel Alkohol, in der Striplokale besucht wurden und die nicht so guten Ecken des Hauptbahnhofviertels. Das Ganze war dem Mann, Familienvater und von Beruf Ingenieur, merklich peinlich, und doch wollte er sein Recht bekommen. Es stellte sich heraus, dass der Mann im Suff «Barerstraße» wie «Baaderstraße» ausgesprochen hatte, der Taxifahrer zumindest am Umweg schuldlos war und den im Handgemenge verlorenen Geldbeutel später abgegeben hat. Ob das darin fehlende Geld in der Jackentasche des Taxlers verschwunden ist oder zuvor bereits im BH einer Stripperin, ließ sich nicht klären. Wir sprachen den Taxifahrer frei, der Brite zog kopfschüttelnd davon in dem Gefühl, dass deutsche Richter zu deutschen Angeklagten halten.

Wie muss es sein, dachte ich auf dem Heimweg, als Engländer, Rumäne oder Marokkaner in Deutschland vor Gericht zu stehen? Wie würde ich mich fühlen, in einem fremden Land, der Sprache nicht mächtig, einem Richter gegenüberzutreten? Etwa in einem arabischen Staat, in dem uns die Sprache ähnlich hart und aggressiv vorkommt wie anderen Nationen das Deutsche.

Aber auch als hier Geborener kann man sich im Gerichtssaal in der Nymphenburger Straße verloren fühlen – und das liegt ebenfalls an einer Sprachbarriere, diesem seltsamen Idiom, das man an diesem Ort spricht: Juristendeutsch. «Was die Gesetze betrifft, so finde ich es sehr unschicklich, dass solche größtenteils in einer Sprache geschrieben sind, welche diejenigen nicht verstehen, denen sie doch zu ihrer Richtschnur dienen sollen», schrieb Friedrich der Große schon 1780. Dieser Satz gilt leider bis heute. Wobei ich Juristendeutsch durchaus für eine Kunstform halte. Etwa diesen Satz:

«Gegen die Verweigerung der Zustimmung durch das Gericht des ersten Rechtszuges steht der Vollstreckungsbehörde die Beschwerde nach dem Zweiten Abschnitt des Dritten Buches der Strafprozessordnung zu.» So weit kommt man mit, aber jetzt festhalten: «Der Verurteilte kann die Verweigerung dieser Zustimmung nur zusammen mit der Ablehnung der Zurückstellung durch die Vollstreckungsbehörde nach den Paragraphen 23 bis 30 des Einführungsgesetzes zum Gerichtsverfassungsgesetz anfechten. Das Oberlandesgericht entscheidet in diesem Falle auch über die Verweigerung der Zustimmung; es kann die Zustimmung selbst erteilen.»

Journalistenschülern wird oft der kurze, verständliche Satz beigebracht. Junge Juristen scheint man das Gegenteil zu lehren: Verschachtele und verkompliziere deine Sprache, wo es nur geht. Etwa dieses Satzungetüm, das erst nach 92 Wörtern einen Punkt setzt: «Ist jemand wegen einer Straftat zu einer Freiheitsstrafe von nicht mehr als zwei Jahren verurteilt worden und ergibt sich aus den Urteilsgründen oder steht sonst fest, dass er die Tat auf Grund einer Betäubungsmittelabhängigkeit begangen hat, so kann die

Vollstreckungsbehörde mit Zustimmung des Gerichts des ersten Rechtszuges die Vollstreckung der Strafe, eines Strafrestes oder der Maßregel der Unterbringung in einer Entziehungsanstalt für längstens zwei Jahre zurückstellen, wenn der Verurteilte sich wegen seiner Abhängigkeit in einer seiner Rehabilitation dienenden Behandlung befindet oder zusagt, sich einer solchen zu unterziehen, und deren Beginn gewährleistet ist.»

Von Medizinern sagt man, dass sie ihr Ärzte-Latein mitunter als Geheimsprache benutzen, um vor dem Patienten ohne dessen Kenntnis über ihn sprechen zu können. Juristendeutsch dagegen sei keine gewollte, sondern eine notwendige Verkomplizierung der Sprache, sagen Juristen. Bei der Formulierung eindeutiger Gesetze müsse doch niemand einen Schönheitspreis gewinnen. Dass es an vielen Stellen dennoch einfacher ginge, zeigt der 2009 gegründete «Redaktionsstab Rechtssprache» im Bundesjustizministerium, eine Gruppe von Sprachwissenschaftlern, die Gesetzesentwürfe nach unnötigen Bandwurmsätzen, Passiv-Konstruktionen oder überflüssigem Nominalstil durchsucht. Vor Gericht übernimmt der Richter diese Funktion, der erst das Urteil mit allen dafür angewandten Paragraphen verliest, um sich danach in Umgangssprache direkt an den Verurteilten zu wenden. Das ist der Moment, an dem der Richter mit dem juristischen Fachjargon brechen muss. Jetzt muss er die Sprache adaptieren, die der jeweilige Angeklagte spricht. Gar nicht so leicht, wenn der Täter gebrochen Deutsch spricht, noch sehr jung ist oder viele Jahre Heroin ihm nicht gutgetan haben können. Und doch muss der Richter es schaffen, beim Angeklagten ein Kopfnicken und kein Kopfschütteln auszulösen. Wenn er etwa im Fall einer Bewährungsstrafe deutlich macht, dass es keine ewige zweite Chance gibt, sondern nur noch diese eine: Dann müssen seine Worte eine Drohkulisse aufbauen, die drei Bewährungsjahre lang Bestand hat. Etwa in einem Prozess gegen einen Ex-Junkie: «Wenn Sie wieder Drogen nehmen, nur einen Joint rauchen, nur einen einzigen Zug, dann verspreche ich Ihnen, erfahre ich das durch die regelmäßigen Drogentests. Dann sitzen Sie. Für Jahre.» Leicht ist es nicht, zu den schweren, rasenden Gedanken eines eben zu Haft verurteilten Mannes durchzudringen. (Tatsächlich habe ich nie eine Frau erlebt, die ins Gefängnis musste.) Doch ich habe Ansprachen erlebt, nach denen ich gerne wie Theaterpublikum nach dem Fall des Vorhangs geklatscht hätte. Die Sprachwissenschaftler des Justizministeriums wären zufrieden gewesen.

Gerichtsreportage: Die kluge Ehefrau

Ein verlebter, muffiger Gerichtssaal an einem kalten, verregneten Novembertag kann einen lehren, wie schön es in Deutschland ist. Weil man in den Verhandlungen erfährt, wie das Leben in anderen Ländern aussieht und was Menschen alles auf sich nehmen, um von dort wegzukommen. Etwa aus Albanien, wo die Zeugin S. bis vor zwei Jahren gelebt hat. Eine junge, sympathische, kluge, hübsche Frau, die in fast akzentfreiem Deutsch spricht, das sie sich selber beigebracht hat. Sie hat ein Kind in Deutschland bekommen, und sie hat sich getraut, ihren Ehemann bei der Polizei anzuzeigen wegen sexueller Nötigung. Der Mann ist 30 Jahre älter als sie, unsympathisch, unattraktiv, und er spricht nach 20 Jahren in München immer noch schlecht Deutsch. Trotzdem hat sie ihn geheiratet. «Am Anfang mochte ich ihn», sagt sie. Am Ende zwingt er sie in einer Nacht, ihn sexuell mit der Hand zu befriedigen. Er ist körperlich stärker und wirkt doch außerhalb ihrer Wohnung so viel schwächer als sie. «Ich will nicht, dass er ins Gefängnis geht, ich will nur, dass er mich und meine Tochter in Ruhe lässt», sagt die Zeugin S. zu uns. Ihr neues Leben steht in den Startlöchern und will losrennen. Sein Leben scheint vertan, und das, was daran gut war, sitzt gerade als Zeugin im Strafprozess vor ihm. Man erfährt noch, dass der Angeklagte schon vor einigen Jahren vor Gericht stand, wegen des Vorwurfes sexuellen Missbrauchs von Schutzbefohlenen – er kam frei mangels Beweisen, darum darf das Gericht es ihm nicht anlasten. Sie hat einen Job in Aussicht, er seinen gerade mal wieder verloren. Sie hört aufmerksam zu, er wirkt desinteressiert. Sie trägt preiswerte, aber gut kombinierte Kleidung, er wirkt verlottert. Die beiden passen als Paar so wenig zueinander, sie ist so offensichtlich die Gute und er der Schlechte – wären sie Romanfiguren, man fände sie überzeichnet. So eindeutig sind Unschuld und Schuld sonst nur im Märchen verteilt, statt dem edlen Ritter mit seinen Knappen steht ihr vor Gericht aber nur ein freundlicher Richter mit seinen Schöffen zur Seite. Der Angeklagte darf sich künftig der Zeugin S. nicht mehr nähern. Dass er nicht obendrein noch ins Gefängnis muss, verdankt er seiner Ex-Frau, die ihn nicht härter belastet – was leicht möglich gewesen wäre. Am Ende verlassen sie den Saal, ohne ein Wort miteinander zu sprechen. «Mal hoffen, dass er nicht gleich die nächste junge Frau aus Albanien heiratet», sagt jemand auf dem Flur. Das darf man ihm als Gericht leider nicht verbieten.

KAPITEL 11

Schuld und Bühne: Das Urteil

Das folgende Kapitel könnte man auf zwei sehr unterschiedliche Arten schreiben. Darum schreibe ich es zweimal: erst kurz und entschlossen, dann länger und zweifelnder. Für die kurze, klare Variante möchte ich einen Bekannten zitieren, der Richter ist an einem Amtsgericht. Ich habe ihn gefragt, ob er es auch so schwer findet, ein Urteil zu fällen. «Nein, warum?», fragte er. «Ich höre mir alle Zeugen an, sichte die Beweise und treffe dann auf Basis der gesetzlichen Strafrahmen ein Urteil.» Zweifel bleiben bei ihm nicht. Er findet vielleicht, dass das Gesetz manche Verbrechen in Deutschland zu mild oder zu stark bestraft, aber er unterschreibt seine Urteile mit der vollen Überzeugung, das Richtige zu tun. Weil er die dafür zur Verfügung stehenden Werkzeuge für präzise hält.

Damit zur längeren Version. Denn ich fand es oft schwer und manchmal unmöglich, ein Urteil zu sprechen. Das begann schon damit, dass ich die Akten nicht kenne. Die so wichtigen, kurz nach der Tat von der Polizei protokollierten Zeugenaussagen kann ich mir nicht in Ruhe durchlesen, die Fotos vom Tatort sehe ich nur, wenn der Richter es wichtig findet, sie noch einmal zu studieren. Wenn der Angeklagte Vorstrafen hat oder auf Bewährung ist, erfahre ich das meist nur in Nebensätzen. Dabei wüsste ich gerne mehr über die Vergangenheit des Täters. Zum Beispiel im eben geschilderten Fall des Ehemanns, der schon einmal angeklagt war wegen sexuellen Missbrauchs Schutzbefohlener, aber freigesprochen wurde. Das kann so viel bedeuten, oder so wenig. Wurde der Mann nicht verurteilt, weil die Beweise nicht ausreichten, da das Kind aus Angst schwieg? Oder handelte es sich um ein Missverständnis, das aufgeklärt wurde, eine Verwechslung, eine erfundene, unberechtigte Anschuldigung? Was für ein himmelweiter Unterschied! Ich erfahre es nicht, soll aber als Schöffe mitentscheiden, ob dieser Mann künftig noch Kontakt zu seiner Ex-Frau haben darf, die er sexuell genötigt hat – und zu ihrer gemeinsamen jungen Tochter.

Ein anderer Fall: Wir müssen einen Mann wegen Kokainbesitzes verurteilen, dessen Anwalt sagt uns, sein Mandant sei schwer an Morbus Crohn erkrankt, darum rauche er zur Linderung seiner Beschwerden Marihuana. «Und bei einer Haftstrafe droht sich der Gesundheitszustand durch das nicht auf die Krankheit ausgelegte Gefängnisessen enorm zu verschlechtern.» Der Richter sagt: «Ich habe das mal gegoogelt, das scheint so zu sein.» Wir Schöffen können das nicht eben nachholen. Ich hätte gerne, dass mir ein Arzt Morbus Crohn erklärt, bevor ich zwischen Bewährung oder Haft entscheide – aber dafür ist keine Zeit. Erst zu Hause, zwei Stunden nach dem Urteilsspruch, kann ich nachlesen, dass Morbus Crohn eine entzündliche und chronische Darmerkrankung ist, bei der die Ernährung tatsächlich eine entscheidende Rolle für den Krankheitsverlauf spielen kann. Im Internet finde ich Verweise auf eine Studie einer österreichischen Universität, der zufolge Marihuana Morbus Crohn massiv lindert. Die Webseite, die darüber berichtet, heißt hanfplantage.de – keine sehr objektiv wirkende Quelle.

Mein Weg zur Urteilsfindung ist voller solcher Ungenauigkeiten. Zeugen versuchen, sich an Momente zu erinnern, die ein Jahr her sind; die Biographien der Angeklagten werden in Halbsätzen angerissen; von einer hundertfünfzig Blätter dicken Akte kenne ich nur die Umschlagseite, ab und zu habe ich vom Richter mal die Anklageschrift in Kopie bekommen. Wie andere Gerichte in vergleichbaren Fällen geurteilt haben, weiß ich als Laie nicht. Wenn mir im Prozess auffällt, dass es sehr helfen würde, mit einem Gutachter zu reden oder ein Taxi zum Tatort zu nehmen, geht das natürlich nicht mehr. Die Zeit ist immer knapp. Wenn der gegnerische Anwalt gleich zu Beginn der Verhandlung einen Deal anbietet, entscheiden wir darüber, kaum, dass ich die Jacke abgelegt habe. In solchen Momenten vertraut man den Einschätzungen des Richters und verlässt sich darauf, dass er die richtigen Paragraphen gefunden und sie angemessen interpretiert hat. Ob ich es mit einem besonders strengen oder einem eher milde urteilenden Richter zu tun habe, weiß ich dabei nicht.

So sitze ich dort oben auf der Richterbank und komme mir mitunter vor wie ein Filmkritiker, der vom Werk nur den Trailer gesehen hat – aber jetzt bitte sein Urteil über den Regisseur sprechen soll. Nur steht vor Gericht weit mehr auf dem Spiel als ein unberechtigter Verriss, es geht schlimmstenfalls um eine Haftstrafe, die das Leben eines Menschen zerstören kann.

Ist meine Sorge, fehlerhaft zu urteilen, übertrieben? Die Wochenzeitung Die Zeit schreibt in einem Artikel über Justizirrtümer, dass «Zivilgerichte nach einem Schuldspruch im sich anschließenden Schadensersatzprozess in 30 bis 40 Prozent der Fälle zu einem anderen Urteil kommen als das zuvor damit befasste Strafgericht». Aufsehen erregte Ralf Eschelbach, Richter am Bundesgerichtshof, der Anfang 2011 in einem Strafprozessrechtskommentar die Quote aller Fehlurteile auf ein Viertel schätzte. Das Nachrichtenmagazin Der Spiegel rechnete nach und kam zu dem Schluss: «Wenn der erfahrene Richter recht hat, werden jeden Tag in Deutschland 650 Menschen zu Unrecht wegen einer Straftat verurteilt.» Das Justizsystem, moniert der kritische Richter, decke Entscheidungen, die mit eher hoher Wahrscheinlichkeit falsch sind.

Die US-Journalistinnen Sarah Koenig und Julie Snyder haben im Herbst 2014 in den USA große Erfolge gefeiert mit einer mehrteiligen Radioreportage, in der sie einen 15 Jahre alten Mordfall neu aufrollten. Obwohl der Täter eigentlich eindeutig überführt schien – ein Freund des Mörders hatte damals ausgesagt, bei der Beseitigung der Leiche geholfen zu haben –, dokumentierten die Journalistinnen, wie viele Ungereimtheiten es in diesem Fall noch gab. Obwohl die beiden ein Jahr recherchiert, unzählige Beteiligte gesprochen und alte Beweise akribisch neu ausgewertet haben, ist es ihnen letztlich nicht möglich, die Unschuld oder Schuld des angeblichen Mörders eindeutig zu beweisen. Ich habe – zum Glück – nie über Mordfälle entscheiden müssen. In vielen Fällen machte mein Urteil nur den Unterschied zwischen zwölf oder vierzehn Monaten Bewährung aus, aber eben manchmal auch zwischen zwei oder drei Jahren Haft. Und es gab Verhandlungen, wo ich mich erfolgreich gegen und auch für eine Haftstrafe statt Bewährung eingesetzt habe. Ich empfand die Verantwortung dafür allerdings stets als tonnenschwer, ganz anders als die Juristen, mit denen ich gesprochen habe. Als Beisitzer, der einen Fall pro Monat hat und nicht zwei am Tag, kann ich mir den Zweifel leichter erlauben als der Berufsrichter, der mehr in der Verantwortung steht für das Urteil als ich. Der Richter soll zwar im Zweifel für den Angeklagten urteilen, aber damit sind massive Zweifel gemeint, nicht kleine Restzweifel.

Richter gehören wie etwa OP-Ärzte zu jenen Berufen, die enorme Verantwortung übernehmen, ich habe großen Respekt davor. Und ich hatte bis auf eine Verhandlung nie das Gefühl, dass der Richter oder die Richterin sich nicht bemühen würden, ein objektives, bestmögliches Urteil zu finden. Andererseits stand ich wie erwähnt selber einmal vor Gericht, als Nebenkläger gegen einen Hausmeister, dessen Hund mich gebissen hatte. Ich wusste, wie das damals gelaufen war, dass der Hausmeister widerrechtlich gehandelt hatte und ich mir nichts vorzuwerfen hatte. Ich saß da und hörte mit an, wie der Richter den Lügen des Hausmeisters glaubte und mir nicht. Ich erinnere mich noch, wie wütend ich auf den Richter war, der mir arrogant und voreingenommen vorkam und in seinem Urteil Dinge behauptete, die so nie passiert sind. Es ging nur um wenige hundert Euro Schmerzensgeld, aber das Fehlurteil begleitet einen lange, auch ein kleines Unrecht schmerzt.

Als Schöffe habe ich Urteile mitgetragen, die mir im Gerichtssaal vernünftig vorkamen, die ich aber eine halbe Stunde später, daheim vor meiner Freundin, kaum mehr rechtfertigen konnte. Etwa den im Kapitel zuvor geschilderten Fall, in dem eine junge osteuropäische Ehefrau mutig ihren viel älteren deutschen Mann wegen sexueller Nötigung angezeigt hatte. Der Mann kam mit Bewährung auf freien Fuß. «Spinnst du?», fragte meine Freundin, als ich ihr davon daheim erzählte. Wie sie habe ich mich beim Zeitunglesen oft über scheinbar milde Strafen für Sexualverbrecher geärgert. Dennoch verteidigte ich unser Urteil: «Er hat sie nicht brutal vergewaltigt, sie musste ihm einen runterholen. Und die Frau wollte einfach nur, dass er sie und das Kind künftig in Ruhe lässt.» Gefühlt hatte er eine Haftstrafe verdient, aber Wut im Bauch reicht für ein Urteil eben nicht aus.

Zwischen meiner Vorstellung von gerechter Strafe und dem, was der Richter für sinnvoll hält, liegen manchmal Welten. Wer urteilt besser? Bauch oder Bundesgesetzbuch? Im Zweifel habe ich dem ausgebildeten Juristen vertraut – auch wenn ich danach schlecht schlafen konnte. Das richtige Strafmaß zu finden ist schwer, manchmal scheint es mir unmöglich. Wie hart soll der weiter vorne im Buch erwähnte Arbeitslose bestraft werden, der immer wieder in Hotels Zimmer mietet, ohne die Rechnung zu zahlen, der dafür eine Vorstrafe bekam und doch weitermachte? Wie viele Gefängnistage entsprechen offenen Hotelrechnungen über 9000 Euro? Für mich wäre schon eine Woche Haft ein Albtraum, zur Erinnerung, der Mann hat dreieinhalb Jahre bekommen.

Schöffen stimmen gern für strenge Bewährungsauflagen als Alternative zur Haft. Geldstrafen zugunsten von Hilfswerken oder für gemeinnützige Arbeitsstunden. Eine junge Mutter mit Drogenproblem? Verurteilten wir dazu, zwei Jahre lang monatlich Haarproben abzugeben. Dem Baby zuliebe. Therapie und Begleitung statt Wegsperren: Klingt toll, fand ich, bis mir ein Richter sagte, dass «etwa die Hälfte der Verurteilten ihre Bewährungsauflagen nicht einhalten». Ihnen droht nicht einmal umgehend Haft, wenn sie die Auflagen zu spät oder unvollständig erfüllen – solange sie nur immer mal wieder etwas dafür tun. Als Schöffe stehe ich vor einem Dilemma: Bewährung ist als Urteil oft zu milde – und Gefängnis oft zu hart. Andererseits muss man nur in andere Länder schauen, um das deutsche Justizsystem wiederum zu schätzen. Oder wie ein Angeklagter aus Erfahrung sagte: «Lieber zehn Jahre Stadelheim als noch mal zehn Monate Knast in den USA.»

III. AM ENDE NUR
STATIST?

KAPITEL 12

Warum Sie Schöffe werden sollten:
Ein Fazit

Was wünschen Sie sich für Ihren Ruhestand? Viele werden jetzt an Weltreisen denken, an eine Finka im Süden, vielleicht ein Wohnmobil, mit dem sie durch Italien reisen. Mein Rentenplan lautet: Ich möchte noch einmal Schöffe werden – dann allerdings am Landgericht. Dort, wo es die großen, blutigen, gefährlichen Fälle gibt: Mord, Totschlag, Rockerbanden, Drogenbarone. Ich will sie alle kennenlernen, die Psychopathen, die Gemeingefährlichen und die Einbrecherkönige. Herrlich. Wenn ich mit 65 in Rente gehe, schaffe ich genau noch eine Amtsperiode bis 70, danach ist man zu alt. Ich sehe mich schon auf der Richterbank sitzen: grauhaarig, weise, als ehemaliger Amtsgerichtsschöffe mit allen juristischen Wassern gewaschen. Die Verteidiger werden mich fürchten, die Richter auch ein bisschen, weil ich mich nicht scheuen werde, die unangenehmen Fragen und jede Menge Beweisanträge zu stellen. Abends am Kamin – noch so ein Rentenziel – werde ich bei einem Glas Wein die kleinen, verräterischen Fehler in Zeugenaussagen suchen und mich für den nächsten Verhandlungstag einlesen. Das hat mich am Amtsgericht immer gestört: die Eile. Vom Kindergarten morgens zum Gericht hetzen, schnell drei Arbeitsmails unterwegs beantworten, dann rein in den Verhandlungssaal, vom Richter in zehn Sätzen den Fall erklärt bekommen, und drei Stunden später muss schon ein Urteil her, dann rasch wieder ins Büro.

Trotzdem: Ja, ich möchte noch einmal Schöffe werden. Das ist doch schon eigentlich ein erfreuliches Fazit nach fünf Jahren als Laienrichter. Und dass es das nächste Mal lieber das Landgericht sein soll, ist kein Vorwurf an mein Amtsgericht. Es kam mir nie zu unbedeutend vor, nicht einmal nach dem fünften Kifferprozess. Das Amtsgericht ist der Beichtstuhl einer Großstadt, der weltliche Sündenablass. Hier lernt man Städte wie München, die reich, brav, satt und glücklich wirken, von einer neuen Seite kennen – der armen, gewalttätigen, gescheiterten, verzweifelten. Und schon mein kleines bisschen Gerichtserfahrung, diese fünf Jahre und knapp fünfzig Prozesse, ergaben am Ende ein überzeugendes Plädoyer für mehr Investition in Bildung, Ausbildung, Sprachkurse und Jugendämter. Denn die große Mehrheit der Angeklagten teilte sich eine Biographie der verpassten Chancen und mangelnden Förderung. Arbeitslos, kein Schulabschluss, geschieden, verschuldet. Wenn jemand vor Gericht landet, lernte ich, hat nicht nur er versagt, sondern oft schon seine Eltern, Lehrer oder Freunde vorher. Es wäre billiger und sicherer für uns alle, nicht so viele Jugendliche durch unser Bildungssystem fallenzulassen. Das Amtsgericht ist oft nur die Vorstufe für sie, die kleinen Straftaten, aus denen die wirklich schlimmen Verbrechen und die Landgericht-Strafsachen entstehen können.

Und das Geld, das wir dann an Gerichtskosten sparen würden, wenn mehr potenzielle Straftäter eine Perspektive im Leben hätten, sollte bitte auch in die Schöffen investiert werden. Damit sie nicht nur einen Einführungstag bekommen und danach sich selber überlassen werden. Denn ja, ich lege mich da gerne fest, Schöffen sind wertvoll für unser Justizsystem. Trotz unserer Fehler. Ich habe Termine verpennt und am Handy noch in der Schlafanzughose behauptet: «Natürlich bin ich unterwegs, es ist nur Stau, geben Sie mir noch zehn Minuten!» Ich habe in der Verhandlung heimlich SMS und Mails gelesen – und geschrieben. Aber nur, wenn gerade nichts Wichtiges verhandelt wurde, versprochen. Ich kann übrigens im Nachhinein recht genau sagen, wie spannend oder langweilig ein Prozess war – je nachdem, wie viele Tiere ich auf die Rückseite meiner Schöffenladung gemalt habe. Und ich hab manchmal die Adressen von besonders kriminellen Angeklagten bei Google Maps eingegeben, damit ich beim nächsten Umzug nicht aus Versehen in diese Gegend ziehe. Gut, ein letztes Geständnis noch: Wenn ich jemals selber als Angeklagter vor Gericht stehen sollte, werde ich betonen, dass ich Schöffe war, um beim Richter zu punkten. Immerhin verbringt man in diesem Ehrenamt ziemlich viel Zeit in ziemlich hässlichen Gerichtssälen, zumindest am Münchner Amtsgericht.

Hans Holzhaider, langjähriger Gerichtsreporter der Süddeutschen Zeitung, hat es vor Gericht nur einmal erlebt, dass Schöffen einen Richter überstimmten. Das Urteil war ungültig, der Richter hatte einen Verfahrensfehler begangen. Bestimmt aus Versehen. Ich habe Richter ab und an gefragt, ob sie schon mal überstimmt wurden von ihren Schöffen. Die Antworten haben mich überrascht: «Ich mache den Schöffen meine Sicht schon überzeugend klar.» Oder: «Wenn ich überstimmt würde, würde das Verfahren an anderer Stelle mit anderen Schöffen neu aufgerollt.» Da fühlt man sich wie der kleine Bruder, der von seinen älteren Geschwistern nur widerwillig zum Spielen mitgenommen wird, weil Mutter das so gesagt hat, aber eigentlich nur stört und doofe Fragen stellt. Die Richter, die ich mochte, fragen ihre Schöffen am Ende einer kniffligen Beweisaufnahme «Was machen wir jetzt?» – und sind ernsthaft interessiert an deren Meinung. Sie diktieren einem das Urteil nicht, sie wollen es mit dir finden. Ich habe großen Respekt vor Richtern, sie tragen enorme Verantwortung. Schöffen können ihnen dabei helfen. Weil wir zwar juristische Amateure sind, dafür auf anderen Gebieten wertvolle Erfahrungen einbringen können. Als Journalist etwa, um mich selbst einmal anzuführen, besitzt man nach Hunderten Interviews ein gewisses Gespür für die

Glaubhaftigkeit von Gesprächspartnern. Einer meiner Mitschöffen war Psychologe, ein anderer Geschäftsführer, eine Frau Finanzbeamtin. Wäre ich Richter, würde ich mich freuen, ihre Meinung und Einschätzung zu einem vertrackten Fall zu hören. Auch wenn sie Kraftfahrer, Pfleger oder Reinigungskraft wären.

Es gibt kein Land, in dem ich lieber vor Gericht stehen würde, wenn ich denn müsste, als in Deutschland. Auch nach dem Blick hinter die Kulissen und unter den Teppich finde ich, dass es um unsere Justiz im Großen und Ganzen gut steht. Schon klar: Sie arbeitet langsam, bedenkt man, wie lange an manchem kleinen Haschischbesitz herumverhandelt wird. Sie wirkt oft überlastet, wenn man die Richter über die Aktenberge hinter den Aktenbergen klagen hört, die auf sie warten. Aber die Menschen, denen ich vor Gericht begegnet bin, hatten Respekt vor dieser Institution. Und haben die Urteile ausnahmslos angenommen. Man könnte die Schöffen übrigens ruhig vorstellen zu Prozessbeginn, zumindest ihren Beruf. Damit die Angeklagten erfahren, dass nicht nur der Jurist, sondern auch beispielsweise eine Zahnärztin und ein Müllmann das Urteil für gerechtfertigt halten. Dann wäre der Richterspruch tatsächlich «Im Namen des Volkes» erfolgt.

Wir Schöffen sollten mehr auf uns aufmerksam machen, es gibt immerhin 60 000 von uns pro Amtszeit, man bekommt sie im Alltag nur nie mit. Ich habe oft erzählt, dass ich Schöffe bin. Echte Räubergeschichten sind ein gutes Partygespräch. Falls Sie mit dem Gedanken spielen, Schöffe zu werden, kann ich nur sagen: Machen Sie es. Stärker als die Langeweile oder die Zweifel, die ich als Richter erlebt habe, war bei mir immer das gute Gefühl, dazu beigetragen zu haben, dass unser Zusammenleben halbwegs funktioniert, dass man als Opfer einer Straftat zumindest ein Stück Gutmachung bekommt und der Täter seine Strafe.

Am Ende noch ein Dank an einen Mann, der sich an mich bestimmt schon gar nicht mehr erinnern kann: Herrn H. von der Kassenstelle. Bei ihm gibt man nach der Verhandlung den Verdienstausfall und seine Fahrtkosten an, und dann bekommt man eine Überweisungsankündigung. Ich mochte Herrn H. aber nicht nur wegen des Geldes oder weil seine Tür immer die letzte vor dem Heimweg war – wobei beides nach zähen Verhandlungsstunden erfreulich ist. Es waren kurze Plaudereien, aber von Herrn H. habe ich gelernt, wie man fünf Jahre Amtsgericht am besten übersteht. Erstens mit Humor, etwa beim kleinen Zwist über berechtigte oder unberechtigte Anfahrtskosten, den er immer gewonnen hat. Gute Laune am Ende eines Verhandlungstags ist wichtig, um nicht nur die traurigen Schicksale und kaputten Existenzen auf der Anklagebank mit nach Hause zu nehmen, sondern auch einen guten Scherz. Zweitens mit Verantwortungsgefühl. Herr H. ist auch eine Minute vor Büroschluss konzentriert bei der Sache. Das sollte man auch als Schöffe sein, egal, ob das Gerichtsverfahren dröge ist oder die abgestandene Luft nach alten Akten riecht – denn die Angeklagten haben es verdient, dass man aufmerksam ist, wenn es darum geht, ob sie das nächste Weihnachten in einer Zelle verbringen. Drittens mit Eselsgeduld, die er beim Ausfüllen der immer gleichen Bescheide hatte, weil so ein Amtsgericht eine langsame und bisweilen absurde Behörde ist, die einen für eine Auskunft von Tür 103 zu Tür 355, von dort zu Tür 217 und wieder zu Tür 103 schickt, wo man beim Eintreten hört: «Was machen Sie denn schon wieder hier?» Ich bin jetzt weg, aber ihr werdet mir fehlen.

Dank an

Roswitha, Rudolf und Susanne Wolff, die viele Stunden mit dem Kind spazieren waren, damit ich schreiben konnte. Und Inga Wolff, die zu Recht keine Rücksicht auf «dieses komische Buch» genommen hat, wenn es für uns viel Wichtigeres zu tun gab – nämlich spielen.

Hasso Lieber, dem Vorsitzenden der Bundesvereinigung Deutscher Schöffen, für das lange und gute Gespräch. Hertha Däubler-Gmelin, Bundesjustizministerin a. D., die in ihrem sehr vollen Terminkalender Platz für mich freigeräumt hat und sich wie Herr Lieber sehr für die zu wenig beachteten deutschen Schöffen einsetzt.

Karoline Meta Beisel, die als ausgebildete Juristin und langjährige Journalistin die perfekte Korrekturleserin für so ein Buch war – und sich in ihrem Urlaub dafür Zeit genommen hat.

Die Signatur
des Bösen

Hans-Ludwig Kröber ist Deutschlands bekanntester Kriminalpsychiater. Seine Gutachten über Schwerverbrecher sind legendär. Erstmals erzählt er hier von seinen verstörendsten Fällen. Lakonisch und gleichzeitig packend schildert er, wie aus normalen Bürgern Mörder werden. Der Weg dorthin ist oft verschlungen, er führt durch die Abgründe in der Mitte unserer Gesellschaft. Ein beklemmender Einblick in die Seele des Bösen.

«Ein kleines Meisterwerk: spannender als ein Tatort, unterhaltsamer als ein Roman, berührend, erschreckend und zu allem Überfluss sogar noch wahr!»
Manfred Lütz

Sb 015/2 · Rowohlt online: www.rowohlt.de · www.facebook.com/rowohlt

rororo 62849

True Crime einmal anders

Wolfgang Paul, genannt Paule, hat seinen Beruf als Privatdetektiv nach fünfzehn Jahren an den Nagel gehängt und zusammen mit Andreas Straub seine interessantesten Fälle aufgeschrieben. Paul nimmt uns mit auf eine abwechslungsreiche Reise durch unsere Gesellschaft: vom Hinterzimmer des Supermarkts bis ins Rotlichtmilieu, vom ehebrecherischen Bäcker bis zum Management, das seine Mitarbeiter überwacht. Er erzählt spannende und bisweilen nachdenklich machende Geschichten aus einer Welt, die sonst lieber im Schatten bleibt.

Sb 056/1 · Rowohlt online: www.rowohlt.de · www.facebook.com/rowohlt

rororo 62997

MIX
Papier aus verantwor-
tungsvollen Quellen
FSC® C083411

Das für dieses Buch verwendete FSC®-zertifizierte Papier
Creamy liefert Stora Enso, Finnland.